내적 치유와 영성회복

김한기 목사 지음

내적 치유와 **영성회복**

"평안을 너희에게 끼치노니
곧 나의 평안을 너희에게 주노라.
내가 너희에게 주는 것은
세상이 주는 것 같지 아니하리라.
너희는 마음에 근심도 말고 두려워하지도 말라."
(요 14:27)

추천의 글

이 시대는 영성회복 운동이 힘차게 일어나야 할 때로 보고 있다. 신자들은 깨어 기도하므로 바른 믿음 생활을 해야 될 때임에도 불구하고 신앙은 약해져서 점점 세상으로 빠져드는 양상을 띠고 있다.

형식과 외식에 속한 옛 바리새인처럼 겉으로 보기에는 성령 안에서 사는 것같이 보이나 내면을 들여다 보면 회칠한 무덤 같은 위장된 생활상을 보여주고 있다.

기독인으로 자처하면서도 마치 노아시대와 같이 먹고, 마시고, 장가들고, 시집가고(마 24:38) 롯의 때처럼 사고, 팔고, 심고, 집을 짓는다고(눅 17:28) 한 말씀과 같이 세속에 물든 생활로 점차 빠져들고 있다. 아이들이 피리를 불어도 춤추지 않고 애곡하여도 가슴을 치지 않는(마 11:17) 악하고 음란한 세대이다. 표적만 구하며(마 11:17) 기복만을 추구하는 잘못된 교훈에 빠져 도취된 이 시대인들, 발람의 교훈이나, 니골라의 교훈을 좋아하는 현실이다보니 안일하게 그리고 지극히 세속적으로 형식에 매여 적당하게만 믿음생활을 하려는 시대적 분위기이다. 그러므로 지금은 영성회복이 필요한 시대라고 본다.

에베소교회는 처음 사랑을 잃어버려서 책망을 받았다. 우리도 어디서 무엇 때문에 영성을 잃었는지 깨닫고 더듬어 다시 되찾아 영성을 회복해야 한다.

처음 믿을 때의 성령충만한 생활이 날이 갈수록 점점 시들해지고 있는가? 다시 믿음의 활력을 되찾아 말씀대로 바로 살기를 소망하고 과거와 현재생활을 청산하고 자신의 지금까지의 부족했던 면, 잘못된 점을 회개하고 바로 사는 길로 돌아서서 성령충만한 생활로 회복해야 한다.

에녹과 같이 하나님과 동행하는 생활, 아브라함과 같이 믿음으로 순종하는 생활, 모세와 같이 주어진 사명을 잘 감당하는 생활, 엘리야와 같이 능력자의 생활, 바울과 같이 모든 핍박, 역경, 고난을 극복하면서 복음의 종이 될 뿐 아니라 선한 싸움 다 싸우고 달려갈 길 다가고 믿음을 지켜 생명의 면류관을 받을 때까지 부끄럽지 않고 후회하지 않는 삶으로 주님께 영광 돌리는 영성회복이 되어야겠다.

성경말씀은 우리를 경성토록 촉구하신다. 우리는 이 세대를 본받지 말고 마음을 새롭게 함으로 변화를 받으며, 때가 악하므로 방탕한 생활을 하지 말고, 성령의 충만을 받아 하나님의 선하시고 기뻐하시고 온전하신 뜻이 무엇인지 분별하고 이해해야 한다(롬 12:2, 엡 5:16).

촉구하신 말씀에 준하여 우리의 영성회복에 도움을 주는 본 교재는 바른 교훈과 신앙의 길잡이가 될 수 있는 이 시대에 꼭 필요한 지침서임을 확신하며 아낌없는 찬사와 추천을 하는 바이다.

2000. 5. 12.

총회신학 신대원 학장   김 인 식 목사

글을 쓰면서

2000년을 맞이하여 영성적인 삶을 갈망하는 사람들이 더욱 더 많아졌습니다. 그 이유는 21세기 정보시대를 맞으면서 인간의 삶에 유익한 많은 정보를 공유하며 살아가고 있지만 오히려 허무와 절망감으로 인한 삶의 고통이 더욱 가중되고 커졌기 때문입니다.

그 동안 인간은 제도나 구조적 환경의 개선을 위해 여러 각도로 노력해 왔지만 참된 인간성의 회복에는 실패하였다고 보아야 하겠습니다.

원래 하나님께서 의도하셨던 창조의 목적대로 돌아갈 때 우리는 비로소 하나님과의 바른 관계를 회복할 수 있으며, 건강한 영성이 자리잡은 신앙생활로 참된 평안을 누릴 수 있는 것입니다.

저는 그 동안 목회 현장에서 많은 성도들을 만났습니다. 그런데 믿음으로는 살고 있지만 그 믿음대로 이루지 못하고 오히려 불신자들보다 더 갈등과 어려움의 고통을 겪으면서 삶의 문제를 해결하지 못한 채 방황하는 성도의 영적 모습을 볼 때 참으로 안타깝지 않을 수 없었습니다.

하나님과의 올바른 영적 관계 개선을 영성회복이라고 합니다. 하나님과의 바른 관계를 가지고 영적인 실제의 삶을 살게 되면, 모든 삶의 소망을 믿음으로 이루어나갈 수 있는 능력의 삶을 살아갈 수 있습니다.

그러므로 영성적인 삶이란 모든 인본주의적인 삶의 중심을 신본주의적인 삶으로 변화시켜 나가는 것입니다. 지금까지는 나의 수단과 방법에 의해 살아왔다면 이제부터는 하나님의 뜻에 맡기고 그분의 인도하심 대로 살아가는 것입니다. 이는 믿음으로 성령의 열매를 맺는 삶이라 할 수 있습니다.

하나님의 창조하신 의도대로 본래적 존재로 회복하는 것은 인간 스스로는 불가능합니다. 우리의 죄악성, 병든 이성, 타락한 지성은 오직 영성으로만 회복 가능할 뿐입니다. 이미 병든 인간성은 치료의 길이 없기 때문에 하나님의 재창조의 역사 안에서 가능하고 그 분과의 관계 개선만이 유일한 해답입니다.

이 문제를 해결하기 위하여 그리스도께서 이 땅에 오셨습니다. 주님은 막혀 있던 영적인 불목의 담을 허물어 주시고,

대속의 은총으로 인간의 참된 모습과 속성이 무엇인가를 가르쳐 주셨습니다.

그리스도의 참사랑 안에서만이 영성 회복이 가능하고, 복음만이 죄악으로 병든 인간을 치료해 줄 수 있으며, 믿음만이 인간에게 참소망을 안겨다 줄 수 있습니다.

그리스도인의 삶은 능력 있는 삶이 되어야 합니다. "내게 능력 주시는 자 안에서 내가 모든 것을 할 수 있느니라"(빌 4:13)고 말씀하신 것처럼 영성회복으로 잃어버린 하나님의 사랑과 은혜를 구하는 길이 능력있는 삶의 지름길이라 할 수 있습니다.

하나님과 함께 하는 생활은, 참으로 삶의 모든 부분을 능력 있는 삶으로 부활시켜 줄 것입니다.

참된 영성 회복으로 삶에 부활의 열매를 맺어 은혜롭고 능력있는 삶을 영위하시길 주님의 이름으로 기원합니다.

20000년 4월 부활절을 맞이하면서

저자 김 한 기

차 례

추천의 글 / 7

글을 쓰면서 / 11

1장 · 영성의 실제 / 17

  1. 기독교 영성이란? ··· 19

  2. 영성과 신앙 ·· 35

  3. 영성과 영성적인 삶 ·· 42

2장 · 영성과 성령충만 / 51

  1. 두 종류의 성령충만 ·· 53

  2. 인도하심과 조명하심 ·· 58

  3. 성령의 도우심 ·· 60

3장 · 영성회복을 위한 부활 4단계 / 65

  1. 보이지 않는 세계 ·· 67

  2. 야곱의 인생체험 ··· 80

  3. 부활 4단계 영성훈련 ·· 90

4장·영성회복의 변화적인 삶 / 115

1. 나를 향하신 하나님의 뜻 ·· 117
2. 영성회복으로 이루어지는 내적 치유 ······················ 141
3. 믿음으로 성취하는 능력의 삶 ································· 160

5장·영성회복 훈련과 상담 / 173

1. 영성회복 훈련과 은혜의 단계 ································ 175
2. 영성상담의 중요성 ··· 178
3. 영성상담의 적용과 실제 ······································ 183

6장·영성회복을 위한 가계 치유 / 199

1. 영적으로 맺혀 내려오는 저주 ································ 201
2. 후대에게 저주로 임하게 되는 것 ·························· 203
3. 가계의 무단 침입자 ··· 206
4. 모든 삶의 불안을 평안으로 바꾸자 ······················ 212
5. 저주를 축복으로 바꾸자 ······································ 216

7장·부 록 / 221

영성상담의 성경 적용법 ·· 223

참고 문헌 / 233

영육간의 회복을 위한 영성세미나 ····························· 237

1장 · 영성의 실제

우리가 지향해야 할 영성은
하나님과 단절된 영적인 교제를 다시 회복하고 교통하여
그리스도의 대속의 은총 가운데
성령의 인도하심의 영적 열매를 맺는
신앙의 열매라고 할 수 있다.
성령님의 도움으로 예수 그리스도의 마음을 품고,
하나님과 교통하는 것이다.

1. 기독교 영성이란?

기독교적 영성이란 과연 무엇인가?

요즈음 교회에서 가장 많이 쓰고 있는 영성이란 용어를 막상 정의하라고 하면 선뜻 정의하기가 쉽지 않을 것이다. 우리가 말하는 영성이란 기독교 영성이므로 '성경이 말하는 영성'은 무엇인가 하는 것에 초점을 맞추어야 한다. 그리고 하나님께서 원하시는 '그리스도인의 삶'이란 과연 어떤 것일까에 맞추면 그 해답은 나올 것이다.

우리가 지향해야 할 영성은 하나님과 단절된 영적인 교제를 다시 회복하고 교통하여 그리스도의 대속의 은총 가운데 성령의 인도하심의 영적 열매를 맺는 신앙의 열매라고 할 수 있다. 쉽게 말하면 성령님의 도움으로 예수 그리스도의 마음을 품고, 예수 그리스도의 삶과 인격을 본받아 하나님과의 관계 개선으로 영적 교통함의 영적 회복을 뜻하는 것이다.

(1) 영성의 본질은 무엇인가?

영성의 본질을 알기 위해서는 먼저 영성의 본질이 아닌 것들을 분명히 알아야 한다.

1) 영성은 어떤 특정인 또는 특정 집단만이 사용할 수 있는 전유물이 아니다.

영성은 특정인이나 특정 집단에 의한 전유물이 될 수 없다. 특정집단에 소속되어야만 얻을 수 있다고 생각하는 것은 오류이다.

2) 영성은 샤머니즘적인 신앙이 아니다.

자아의식 속에 접신하는 행위 등은 영성이 아니다. 샤머니즘(Shamanism)적인 신앙은 인간과 신의 중재자로서의 무당을 인정하고 무당의 주술을 통하여 인간의 길흉화복이 이루어질 수 있다고 믿는 신앙이다. 이는 우리 나라의 민속신앙으로서 한국인의 의식 속에 뿌리 깊이 내려져 있다. 우리 기독교 신앙의 영성적인 면에도 이런 영향력이 미쳐서 오해를 불러일으키는 사례가 적지 않다.

오늘날 한국교회의 요란한 부흥회가 마치 굿판의 무당처럼 신내림의 형식으로 신비주의에 입각한 성령충만이 되어서는 안된다. 특히 성령의 능력을 체험하기 위하여 부흥강사로부터 안수받기를 갈망하는 사람이 성령께 의지하지 않고 부흥강사를 신의 중재자로 착각하여 믿고 있는가 하면, 특별한 은사를 받은 사람들이 성경의 범주를 벗어나서 자기 개인주의에 입각한 집회를 통하여 잘못된 방향으로 은사를 사용할 때 이러한 오해를 불러일으킨다. 그래서 참된 영성의 방향을 왜곡시켜 나갈 때가 많다. 샤머니즘의 요소가 다분한 은사집회가 이제는 진정한 영성에 기준을 두고 성경말씀 중심으로 되어야만 한다.

3) 영성은 기복 신앙이 아니다.

한국의 기독교인은 신앙을 내세적인 측면보다는 현실주의적이고, 물질적인 측면에서 이해하고 받아들이는 기복적인 신앙에 중점을 두고 있다. 하나님은 무조건 육신적인 병을 고쳐 주시는 분이고, 필요한 것을 공급해 주시는 분이며, 기도만 하면 인간이 원하는 대로 이루어주시는 분으로 착각하고 있다. 물론 하나님은 우리의 소원에 근거하여 역사하시는 분이지만 그보다 더 깊고, 높은 뜻이 있으므로 기복적인 신앙의 영성으로 흐르지 않도록 해야 한다.

영적인 문제보다는 세상적으로 편안하고 행복하게 살기 위한 방편으로 실용주의의 신앙에 치우치고 있는가? 그것은 올바른 신앙이 아니다.

하나님을 믿고 복을 받았다는 것을 돈 많이 벌고, 자식들이 훌륭하게 성장하고, 남편이 출세하고, 근심 걱정없이 행복하게 산다고 하는 그런 차원의 세속적인 의미로 이해하기도 한다. 그러나 이것은 영성이 아니다. 어떤 이해득실에 따른 실용적인 측면에서의 신앙생활이라면 봉사도 하나님을 위한 것이 아니라 칭찬과 어떤 보상을 기대하는 조건부적인 행동에 불과하다. 또한 하나님의 은혜에 감사하여 정성으로 바치는 헌금이 아니라, 헌금의 몇 배의 축복을 받기 위한 계산적인 생각이 들어있는 헌금이 될 것이다. 이런 신앙의 소유자가 드리는 기도 역시 하나님의 뜻을 성취하기 위한 기도가 아니라 자기 유익을 위한 자기 중심적인 성격의 기도가 될 것이다.

이런 기복 신앙의 형태는 참된 영성을 추구하기보다는 하나님을 인간의 운명을 좌우하고, 인간에게 화와 복을 내리는 초자연적인 능력이나 행하는 하나님으로서 이해하는 것이다. 윤리적인 인격을 가지신 하나님을 왜곡시키는 신앙의 형태는 참된 영성이 아니다.

4) 영성은 신비주의적 신앙이 아니다.

신비주의란 일반적으로 신과의 연합을 추구하는 것으로 명상과 경청을 통하여 궁극적인 실재의 임재를 예리하게 지각하는 상태를 말한다.

기독교에서는 이런 체험 신앙의 중요성을 부정적으로 보지는 않는다. 다만 이런 것을 악이용하는 사단이 우리를 미혹하고 혼란케 하는 것이다. 적극적이고 창조적인 삶을 살기보다는 신비의 경험에 빠져서 현실로부터 탈피하려는 잘못된 삶이나 생각에 의한 혼돈에 빠져들기 때문이다. 이들은 자신이 가지고 있는 모든 책임을 회피하고 삶의 현장을 떠나서 신비적 체험에 빠져 들어감으로써 현실을 부정하고 신앙과 실제적인 삶의 모습이 맞지 않는 현상을 보이게 된다. 은혜와 진리 중에 은혜만 사모하고 진리는 뒷전에 있으며, 말씀 중심보다는 은사 위주의 신비스러움에 빠져서 마치 그것이 하나님의 역사의 전체인 것처럼 생각하기도 한다. 자신의 주관적인 체험이나 은사를 영성적으로 혼동해서는 안된다.

영성이라는 것은 이상한 말을 하고 이상한 행동을 하는 잘못된 은사 위주가 아니다. 하나님 말씀을 자신의 생활 속에 온전히 행하면서 그분의 뜻에 순종하고, 삶의 전반적인 면에

서 그리스도의 인격이 나타나고 성령의 지도와 인도하심에
따르는 삶을 의미한다.

5) 영성은 형식적인 신앙이 아니다.

영성은 바리새인의 믿음처럼 의례적이고 형식적인 신앙이
아니다. 예수 그리스도로 말미암아 의롭게 되고 변화받는 삶
으로 구원의 확신을 얻는 신앙인 것이다. 신앙의 실천 없이는
구원받은 성도가 거룩하고 성결된 삶을 영위하지 못할 뿐 아
니라 구원의 확신과 신앙의 기쁨을 체험할 수가 없을 것이다.

"내 형제들아 만일 사람이 믿음이 있노라 하고 행함이 없
으면 무슨 유익이 있으리요. 그 믿음이 능히 자기를 구원하겠
느냐"(약 2:14).

"영혼 없는 몸이 죽은 것같이 행함이 없는 믿음은 죽은 것
이니라"(약 2:26).

형식에 치우친 의례적 믿음은 아무리 교회생활을 열심히
하고 직분을 받아서 봉사를 열심히 한다고 해도 그것은 종교
적 환경에 동참한 결과만 남을 뿐 진정한 성령의 열매를 맺
는 영성적 믿음은 아니다. 그래서 사도 바울은 "행함이 없는
믿음은 그 자체가 죽은 것"(약 2:17)이라고 하였다. 입으로만
"주여!" 하는 자는 천국에 임할 수 없다는(마 7:21) 성경의 교
훈을 새기며 실천하는 믿음으로 행할 때 영성화된 믿음이라
할 수 있다.

6) 영성은 이기적인 신앙이 아니다.

이기적이란 것은 자아 중심적으로 사물을 바라보고 자신의 이익과 행복만을 추구하며 남을 위해 희생을 하지 않는 것을 말한다.

영성이란 그리스도 중심의 이웃 사랑, 즉 하나님과 나만의 관계인 수직적인 신앙이 아니라 성도간의 교제를 뜻하는 수평적인 관계도 중요시 해야 되는 것이다.

이런 내용을 중요시하여 예수님은 "네 이웃을 네 몸과 같이 사랑하라"고 하셨다. 이기주의자는 자기 자신만을 위해서 살고 이웃이나 하나님을 위해서 살려고 하지 않는다. 이런 사람들이 많기 때문에 기독교가 욕을 듣는 계기가 되는데 교회가 사랑이 없다면 무슨 의미가 있겠는가?

하나님만 잘 섬기면 되지 나와 무슨 관계냐 하는 것이 아니라 주님 말씀대로 이웃 사랑을 실천해야 한다. 그것이 행함의 믿음인 참된 영성의 신앙인 것이다.

다른 사람의 좋은 점을 인정할 줄 알고, 시기하고 질투하기보다는 허물을 덮어주고 사랑과 용서와 자비로 이웃을 대할 때 영성화된 신앙의 모습이라 할 수 있다. 이런 영성이 아닌 것들을 잘 살피다 보면 영성을 추구하다가 빠지는 여러 가지 함정을 발견하게 된다.

① 주관주의의 수직 신앙에 빠진다.

영성이란 이름 아래 인본주의 성향으로 흐르게 된다. 즉 영성을 단순히 인간성 회복으로만 보고 개인적으로 하나님께 은혜만 받으면 된다는 주관성에 빠지기 쉽다.

영성은 수직적인 하나님과 나와의 관계만 중요한 이기주의적 신앙이 아니라 이웃과의 사랑을 실천하는 수평적인 관계도 중요한 십자가의 신앙이다.

② 기독론의 개념이 사라진다.

개인적 인본주의를 강조하면 예수 그리스도는 사라져 버린다. 다시 말해 대속의 은총의 필요성이 사라지는 것이다.

자신의 은사가 곧 영성의 본질인 양 착각하여 비성경적으로 변질하는 것은 물론이고 영성 자체가 한 개인의 독점물로 전락할 수 있다.

진정한 영성은 성령님의 지도하심과 인도하심에 따라 주님의 삶이 나의 인격과 삶의 전반에 나타나야 한다. 또한 죄로인하여 끊어진 하나님과의 관계가 개선되고 회복되어서 우리의 자유의지를 하나님 앞에 순종시키며 그분의 창조 의도대로 변화된 삶을 살아가는 것이라고 할 수 있다.

그러므로 영성의 본질은 먼저 영적 회복에 근거를 두어야한다. 인간이 창조될 때 그 분이 뜻하시고 또한 그 분의 형상대로 지음받은 모습대로 회복하는 데 역점을 두어야 한다.

인간은 스스로 하나님 앞에 범죄함으로 자신에게 있었던 하나님의 형상을 상실해 버렸다. 따라서 하나님과 단절되었고 하나님과의 불목의 담을 쌓고 인간 스스로의 능력으로는 관계를 회복할 수 없는 지경에 이르렀다.

그 문제를 해결하기 위하여 오신 분이 바로 주님이시다. 예수 그리스도의 은혜와 성령의 인도하심이 없이는 하나님과의 관계 회복은 불가능하다는 것을 알 수 있을 것이다.

(2) 영과 혼과 육의 영성화

인간을 구조적인 면에서 이분하거나 삼분하는데 학자에 따라 다소 그 의견을 달리한다. 그러나 성경을 보면 인간은 영과 혼과 육을 통하여 구원의 사역이 이루어진다.

"평강의 하나님이 친히 너희로 온전히 거룩하게 하시고 또 너희 온 영과 혼과 몸이 우리 주 예수 그리스도 강림하실 때에 흠없게 보전되기를 원하노라"(살전 5:23).

하나님의 뜻은 영과 혼과 육이 거룩한 가운데서 흠이 없게 보전되어야 한다는 것을 잘 강조하고 있다.

육이란 것은 육안으로 볼 수 있는 근육질이 섞인 육신, 곧 우리의 현상을 말한다. 그리고 혼은 그 육신의 생명력을 말한다. 그러므로 혼이 육과 함께 있을 때를 가리켜 "살아있다, 생명이 있다, 숨쉬고 있다"라고 표현한다. 반대로 죽었을 때를 가리켜 "혼이 떠났다"고 한다. 즉 혼이 더 이상 그 몸에 머물지 않고 있다는 말이다. 죽었다는 말은 혼이 그 육에 머물지 않거나, 생명력이 없다고 하는 얘기이다. 그러므로 혼은 생(生)과 사(死)를 구별하는 가늠치라 할 수가 있다. 그리고 이 육과 혼의 연합을 가리켜 우리는 육체라고 부르거나 육신, 즉 몸이라고 부르기도 한다.

그러면 영은 무엇인가? 영은 혼의 생명력이다. 인간에게는 영을 수용할 수 있는 영적인 근거로 인간의 영이 있다. 창세기 1장 26절 말씀에 "우리의 형상에 따라 우리의 모양대로"라고 기록되어 있듯이 우리는 하나님의 형상을 닮은 존귀한 존재이다.

인간의 영은 외부 영의 영향을 받는다. 외부에 있는 영에 의하여 인간은 달라질 수가 있다. 그렇다고 외부의 영이 제멋대로 인간의 영을 침범하거나 조절할 수는 없다. 외부의 영은 기본적으로 인간 개인의 의지와 선택을 우선하므로 자신이 싫다고 완강히 거절하면 떠나고 용납하면 머물 수도 있다. 이것이 외부 영에게 허락되어진 범위다.

우리는 이것을 가리켜 하나님이 우리에게 허락하신 자유의지라고 한다. 우리는 이 자유의지를 통하여 선택을 하고, 결정을 하기도 하며, 활동을 하기도 한다. 하나님은 이 자유의지에 의하여 자발적으로 하나님을 영화롭게 하시기를 원하신다.

그리고 그 의지는 "여호와 하나님이 그 사람에게 명하여 가라사대 동산 각종 나무의 실과는 네가 임의로 먹되 선악을 알게 하는 나무의 실과는 먹지 말라. 먹는 날에는 정녕 죽으리라 하시니라"(창 2:16-17)고 하신 말씀대로 상호 계약적인 관계를 바탕으로 하여 주어졌다.

그러므로 이 계약의 파기는 곧 죽음을 의미한다. 즉 그에 상응하는 괴롬과 비탄과 불안을 의미한다. 결국 인간은 자유의지란 선택권을 얻는 대신 그 선택 여하에 따라서 생과 사의 갈림길이 되고 말았다. "선악을 알게 한다"고 하는 말은 곧 악도 수용할 수 있는 위치로 전환할 수 있다는 이야기다.

하나님과의 약속 파기는 결국 악을 알게 하였고, 또 그것을 수용하였으며, 그에 따르는 거절과 수용의 반복을 통하여 인간에게 고뇌와 고난과 고통과 불안이 무엇인지를 알게 되었다.

인간은 영적인 피조물이다. 그러므로 영을 근거로 살게 되어 있고, 어떤 형태로든 영의 영향을 받으면서 살게 되어 있다. 그리고 인간의 영과 영계의 영은 서로 가까운 것끼리 끌리는 속성을 가지고 있다. 인간의 영이 맑고 깨끗하면 성령께서 가까이 하시고 인간의 영이 죄로 얼룩져서 더러우면 악령이 가까이 하게 되어 있다.

우리는 우리의 인격에 대하여 늘 관심을 가져야 한다. 내 속에는 지금 어떤 것이 들어 있는가를 점검하면서 늘 깨어 있어야 할 것이다.

성령의 사역은 하나님의 형상을 닮은 인간을 그리스도화하여 성결하고 아름다운 모습을 갖게 하는 데 있다. 그리고 축복된 은혜로운 삶을 살게 하는 데 그 목적이 있다. 그러나 악령은 인간을 파괴시키고, 인간답게 살려는 의지를 포기시키고, 도적질하기 위하여 우리 안에 침투하는 것이다.

성령과 악령은 상대적이요, 적대적이므로 공존할 수가 없다. 그러므로 매일 같이 이 영적 전투에서 이기려면 늘 깨어 있어야 하고, 성령이 내재할 수 있는 거룩함과 성결함을 유지하는 데 최선을 다하여야 할 것이다.

1) 영혼은 인격체라 할 수 있다.

영혼은 육신과 같이 몸(고전 15:44)을 가지고 있을 뿐 아니라 고차원적인 지능을 지닌 인격체이다.

2) 영적 변화와 영적 성장

영적 변화와 영적 성숙함 없이는 영성화 교육에 참여하였다고 할 수 없을 것이다. 성령의 역사를 통하여 변화받고 영적 성숙을 통하여 하나님의 사랑을 바로 깨닫고 알 때 오는 그 은혜는 말로 형용할 수 없는 축복이다.

3) 육신의 주인은 영혼이다.

영과 혼과 육의 관계는 서로 분리하여 생각할 수가 없다. 영은 혼에게, 혼은 육에게 영향을 주도록 구성되어 있다. 또 육의 소욕이 혼에게 영향을 주며, 혼이 갖고 있는 것에 따라 영이 영향을 받게 되어 있다. 그러므로 사람의 온몸의 주인은 영혼이며, 이 영혼이 주체가 되어 살아갈 때 삶 전체가 생명이 된다(고후 4:16-5:10).

육에서 혼이 떠나면 죽었다고 하는 것처럼, 혼에서 성령이 떠나면 그 혼은 죽은 혼이다. 성령이 내재하시는 영혼, 그 영혼이 지시하는 육신이야말로 올바른 하나님의 형상을 닮은 인간상이라 할 수 있다.

그러므로 육의 주인이 성령이 함께 하시는 영혼이 되어 있을 때 비로소 참된 영성화가 이루어진 사람이라고 할 수가 있다.

"만일 너희 속에 하나님의 영이 거하시면 너희가 육신에 있지 아니하고 영에 있나니 누구든지 그리스도의 영이 없으면 그리스도의 사람이 아니라"(롬 8:10).

"너희가 육신대로 살면 반드시 죽을 것이로되 영으로서 몸의 행실을 죽이면 살리니"(롬 8:13).

육신이 집이라 하면 그 안에 주인은 바로 영혼이다. 그러므로 육신에 의지하여 사는 것은 결국 없어질 허무함을 따라 사는 허상에 불과한 삶이다. 신앙의 단계가 낮은 사람일수록 그 고민은 육신적인 문제에 한정되어 있음을 알 수가 있다. 무엇이 죽고 썩을 것이며, 헛된 것이지를 확연히 깨달으면 고민하는 내용과 본질도 달라지는 가치관에 도달할 것이다.

4) 영혼의 거울인 양심에 비추어 살아가자.

하나님은 선과 악을 구별하시는 분이다. 그러므로 자유의지와 함께 인간에게 양심이라는 것을 주셨다. 양심은 곧 영혼의 마음이며 아름다운 것이다. 그 아름다운 마음으로 하나님과의 약속과 계약을 준수할 수 있는 방법과 길을 제시하신 것이다.

양심은 성령의 지배를 받도록 되어 있다. 그러던 것이 죄의 유입으로 인해 양심도 악령의 요구를 수용하게 되고, 또 타협하고 있는 실정이다. 이것으로 인하여 인간의 비극은 시작되었다. 이때부터 고통과 아픔이 시작되었다. 좌절이 무엇이며, 미움과 분노가 무엇인지를 알게 되었다.

성령은 우리를 하나님이 창조하신 의도대로 옳게 인도하시고 지도하여 끌고 나가려고 하지만 악령은 우리를 파괴시키고 하나님의 의도와는 반대로 우리를 절망케 한다. 그러므로 성령은 생명이요, 악령은 죽음이다. 성령은 사랑과 화평이지만, 악령은 미움과 불화와 불평이다. 성령의 일은 양심을 푸근하게 하고 기쁘게 하나, 악령의 일은 양심을 괴롭게 하고 불안과 두려움에 떨게 만든다.

그러므로 하나님이 주신 양심이란 거울에 비추어 살아갈 때 영성화 되어가는 자기의 모습을 확실히 볼 수 있을 것이다.

(3) 체험신앙의 3대 요소

1) 중생의 체험-거듭남

성령이 우리 안에 임하시면 영적으로 새롭게 탄생하게 되는데 이것은 그리스도인으로서 출발하는 단계이다.

중생은 우리의 마음을 열게 하시고, 입으로 예수 그리스도를 구주로 시인하게 되는 믿음으로 영적인 것을 추구해 나가는 과정이라 할 수 있다.

2) 성결의 체험

중생한 자의 두 성품이 대립하는 때이며(롬 7:21-23), 순간적이고도 결정적인 성결함과 점진적인 성결함의 영적 조명으로 영혼이 광명을 얻을 수 있다.

스스로가 성결을 소망하면서 성령의 도움을 구하며 의지할 때 지혜와 의와 구속함의 은혜를 받을 수 있다.

3) 성령충만의 체험

성령과 동행하는 삶, 하나님의 뜻과 나의 생각이 일치되고 하나님의 영이신 성령과 하나되어 살아가는 삶의 단계이다.

이 신앙의 단계에 이르면 성령님의 지도와 인도로 하나님과 조화된 삶이 이루어지고 말로 형용할 수 없는 평안과 확신으로 충만해지고, 모든 의심이 사라진다. 모든 일에 내가 애쓰는 마음이 없어지며, 모든 것은 이미 받은 것으로 깨달아지는 은혜로운 그리스도인의 삶을 살게 되는 것이다.

(4) 영성을 형성케 하는 네 가지 요소

인격 형성이 잘 안되어 있으면 삶이 힘든 것처럼 영성이 형성되지 않으면 하나님과의 화목의 관계는 어려울 것이다.

인간 스스로가 이것을 해결하지 못하여 파멸에 이르고 말았으나 예수님이 이 땅에 오셔서 인류를 파멸과 죽음에서 구원해 주셨다.

주님을 닮은 영성을 갖추기 위해서는 어떤 영성을 형성하고 발전하여야 하는지를 네 가지로 나누어 알아보자.

1) 영적 영성

영적으로 예수님을 구주로 모셔들일 때 영은 죽음의 무덤을 헤치고 성령의 밝은 빛으로 살아난다.

인간이 영적으로 자기 존재를 발견하고 인식하는 과정을 거쳐서 성숙할 때 하나님과의 바른 교제가 이루어지고 전지

전능하신 하나님의 손길을 체험할 수가 있다.

영적 영성(Spiritual spirituality)이 이루어지지 않으면 그 영은 죽어있기 때문에 아무것도 이룰 수가 없다.

2) 혼적 영성

혼적인 영성(Spirituality of Soul)이 잘 이루어지지 않으면 삶에 실패할 뿐 아니라 신앙생활도 실패할 것이다. 혼적 영성은 바로 마음에 영성이 임하는 것이다. 영이 어두우면 그 혼도 어두우므로 마음 역시 어둡고 평안치 않을 것이다.

"자기의 마음을 잘 다스리는 자가 성을 빼앗는 자보다 낫다"고 한 잠언 16장 32절의 말씀을 한 번 더 상고해 보면서 미움과 분노, 불안과 공포, 탐욕 등을 십자가 밑에 모두 내려 놓고 하나님의 은혜인 믿음과 소망과 사랑으로 마음의 빈 공간을 채워야 한다. 그럴 때 참 행복과 승리에 찬 삶을 살 수 있으며 하나님께 영광을 돌릴 수 있을 것이다.

혼적 영성이 열매를 맺으면 믿음의 확신과 더불어 기쁨과 평안과 삶의 강건함으로 모든 삶의 축복을 받게 될 것이다.

3) 도덕적 생활의 영성

영적 영성이 갖추어지면 그 영혼이 밝아지면서 도덕적으로는 물론 생활적으로도 강건하고 풍요로운 삶을 살게 될 것이다.

사람은 태어나면서부터 육신적으로 길들여지므로 거의 대부분 사람들이 자기 자신이 지혜나 수단과 방법에 의존하여 살려고 한다. 그러나 올바른 삶의 영성이 갖추어지면 이 모든 생사화복이 하나님 안에 달려있다는 것을 알고 내가 나의 주인이 아니라는 사실을 알게 된다. 그때부터 모든 생활을 하나님께 맡기며 살아가게 됨으로써 스스로 도덕적 영성(Spirituality of Ethical Life)이 정착할 뿐 아니라 모든 삶의 축복도 이때부터 시작된다고 할 수 있다.

4) 육적 영성

사람의 육체는 근원적으로 본능적이고 세상적이고 정욕적이다(약 3:15). 그러므로 육의 삶이란 철저히 타락한 존재의 삶이라고 할 수가 있다. 육의 인간은 근본적으로 타락했기 때문에 성경에서는 "의인은 없다"라고 기록하고 있다(롬 3:10-18).

인간은 자신의 죄악성 및 부패성 등으로 말미암아 자신이 영원히 멸망받을 수밖에 없는 존재라는 사실을 느끼게 되면 절대자이신 하나님 앞에 자기를 부인하고 자아를 파쇄시키게 된다. 그리고 온전한 그리스도인의 삶을 살아가기 위하여 혼신의 노력을 다할 것이다.

육신의 삶은 곧 사망의 삶이다. 모든 것이 일시적이고 참만족이 없으므로 허망하다. 해 아래 수고하는 그 모든 것이 헛되다고 성경에 기록되어 있다. 이런 멸망의 육체를 살리기 위하여 육체에게 영성을 입히고자 하시는 사랑의 하나님이시다.

육체에 성령의 능력과 권능의 옷을 입혀 주시면 신령한 사람으로서 하나님이 주신 능력의 은사로 은혜의 삶을 영위할 수 있을 것이다. 육적 영성(Spirituality of Flesh)이란 하나님이 우리에게 주신 능력이 현실적으로 나타나는 것이라고 할 수가 있다.

이상과 같이 영적 영성이 갖추어지면 밝고 환한 혼적 영성으로 말미암아 도덕적, 생활적 영성이 자리잡게 된다. 그러면 자연적으로 육적으로 하나님이 주신 은사로 말미암아 능력있는 그리스도인으로 생기있는 신앙적인 삶이 될 것이다.

2. 영성과 신앙

(1) 영성의 생명력은 신앙적으로 형성되어야 한다.

영성의 생명력은 역시 신앙적으로 형성되어야 할 것이다. 영적 성장의 3단계별 체험 신앙의 첫 번째 단계가 중생이다. 그러므로 거듭남의 체험 없이는 신앙적으로 영성의 기본을 갖추지 못하는 것이라 할 수 있다.

1) 중생의 단계 ― 거듭남

요즈음 가계에 흐르는 혈통의 저주가 많은 논란 속에서도 인기를 더해가는 현실은 우리가 부정할 수 없는 혈통의 흐름이 사실 대물림하고 있다는 것 때문일 것이다.

현대 의학계에서도 많은 질병들을 유전적으로 이해하고 있는 경우가 많다. 심장병, 고혈압, 당뇨 같은 중요한 성인병이 거의 유전된다고 보고 있다. 그래서 자기 스스로 자신을 구원할 수 없다는 진리가 자명하다.

예수님께서 마태복음에서 말씀하셨던 첫번째 비유가 씨뿌리는 비유였다. 바로 종자에 대한 문제를 언급하신 것이다. 생명력은 종자로부터 나오기 때문에 문제는 그 종자를 어떻게 받아들일 것인가 하는 것이다.

땅에는 육신이 나고 하늘에서는 영이 난다. 즉 다시 새생명이 주어지는 것이다. 하늘로 오는 생명이 주어지지 않는 한 영성 회복이란 불가능한 것이다.

중생이란 바로 이 거듭남을 말하는 것이고, 우리 육신에 하늘로부터 내려오는 영의 생명이 입혀져서 다시 시작되는 영성적 삶이 새로운 삶의 시작이라 할 수 있다. 중생할 때 하나님께서 하신 약속들은 생명의 씨앗과 같아서 우리들의 마음밭에 심어져서 위대한 기적을 나타낸다. 중생한 자의 삶은 변화의 삶이요, 기적의 삶이 되기 때문이다. 우리의 영적 생명력은 바로 그리스도에게서 비롯된다.

타락한 아담의 후손으로 태어난 인간은 누구를 막론하고 죄인이요 버림받은 존재이며, 사망에 처한 존재이다.

이와 같이 절망적인 인간에게 새로운 생명을 불어 넣어 주신 분이 바로 예수 그리스도이다. 또한 대속의 은총으로 중생할 수 있는 기회를 주신 것이다.

한밤중에 예수님을 찾아온 니고데모와의 대화에서(요 3:1-15) 알 수 있듯이 하늘나라는 중생한 자(거듭난 자)만이 들어갈 수 있으며, 중생의 조건은 물(회개)과 성령으로 거듭나는 것이다. 중생의 방법은 십자가의 예수 그리스도 신앙을 가지는 것이다. 이처럼 중생함으로 하나님을 기쁘시게 할 수 있는 신앙인이 되어야 한다.

중생은 하나님의 자녀로서의 출생을 의미한다. 이것은 그리스도인으로서 풍성한 삶을 향하여 출발하는 시작이다. 예수 그리스도 이전의 삶을 청산하고 예수 그리스도 이후의 삶으로 새생명을 받은 것이다.

2) 영적 성장

성장하지 않는 자녀는 부모의 크나큰 근심거리이다. 그러나 잘 성장한 자녀는 부모의 큰 기쁨이 될 것이다. 영적인 자녀도 마찬가지이다. 우리들의 영적 성장은 성장될수록 하나님의 큰 기쁨이 되고 하나님께서 베푸시는 은총의 삶을 은혜의 선물로 받아 누리게 될 것이다. 중생으로 끝나는 것이 아니라 중생된 생명체로 계속 성장하여 장성한 믿음의 분량까지 가야 하는 것이다.

이제 중생된 생명체에 영양분을 계속 공급해야 하는데 그 영양분이 바로 복음이다. 복음으로 중생하고 말씀의 순종과 함께 자라게 되면 그 속에서 은혜를 깨닫게 된다.

성장은 이미 생명이 계속 자라나는 과정이라 할 수 있다. 이 성장 과정에는 잘 자라기 위한 고통과 인내가 필요할 것이다.

영적 성장은 마치 농부가 풍요로운 수확의 기대를 안고 최선의 노력과 믿음으로 이른 봄에 씨를 뿌리고 여름 뙤약볕에 김매고 비료를 주며 병충해를 방제하여 가을에 풍요한 추수의 기쁨을 갖는 것과 같은 것이다.

하나님의 말씀은 씨앗이요, 우리들 마음은 그 밭이라고 할수 있다. 믿음의 기도와 감사와 찬양 등 회개를 통하여 공급하고, 잘 가꾸면 풍성한 신앙의 열매를 맺을 것이며 성장할 것이다.

그러면 우리가 맺어야 할 열매는 어떤 것일까? 사랑, 희락, 오래참음, 자비, 양선, 충성, 온유, 절제 등 성장하는 신앙인의 외적 형상이다. 내적 성장의 형상은 말씀의 이해와 예수 그리스도의 가르침의 진리를 터득하게 되어 말씀중심으로 살고자 하는 것이다. 다시 말해 인본주의적 중심에서 신본주의적으로 변화되는 삶이다.

또한 성령의 인도하심과 주관하심의 체험을 깊이 하게 되며, 혼적으로는 자신의 지정의가 깨어짐에 따라 자신의 수단과 방법에 의한 모든 것들을 성령께 맡김으로써 마음에 평안과 안정을 찾게 된다. 육신적으로는 죄를 정복함으로써 육신적인 삶 자체가 그리스도의 십자가의 삶으로 전환되는 것이다.

영적 성장은 그 영성의 깊이를 더해 줄 뿐 아니라 삶의 질을 한층 더 높여서 하나님의 축복과 은총의 삶으로 변화시켜 줄 것이다.

3) 성령충만의 은혜

영적 성장과 아울러 형성된 영성적인 삶은 성령님의 지도와 인도 아래 은혜의 삶을 영위하게 한다. 그 은혜가 나로 하여금 예수 그리스도를 닮은 존재와 성품과 인격으로 변화시켜 나가는 것이다.

즉 하나님의 은혜로 예수 그리스도를 닮아가는 것인데 나의 힘으로 되는 것이 아니라 성령님의 도우심으로 하나님의 뜻을 수용하고 순종하는 삶이라 할 수 있다.

우리는 때로 자신이 감당할 수 없는 인간의 한계상황에 부딪히게 될 때가 있다. 이때 우리가 감당치 못한 것이 오히려 은혜라고 할 수 있다.

우리가 감당치 못하는 문제와 고통과 질병 등으로 하나님을 만나게 되고, 또 하나님의 도우심으로 해결받는다면 그보다 더 큰 은혜가 어디 있겠는가?

은혜란 내가 한 만큼 받는 것이 아니라 값없이 주어지는 것이다. 우리는 죄를 지었음에도 불구하고 하나님의 은혜로 구원받은 것이다.

우리가 한 것에 비하여 하나님은 한없는 사랑과 은혜로 우리를 보살피고 돌보신다. 이런 은혜는 우리의 노력으로만 되는 것이 아니라 성령님의 도우심으로 이루어지는 것이다.

성령님은 우리를 도우신다. 중생한 자가 영적 성장이 이루어지고 나면 성령님과 동행하는 삶을 체험케 된다. 우리의 영적 연약함을 도우시며, 기도할 수 있도록 도와 주시며, 신앙의 담력을 갖도록 도와 주신다. 우리들의 지적, 정적, 의적 연약함을 도와 주신다(롬 8:26).

성령님의 은혜는 구원받은 우리들의 영성적인 삶을 풍요롭게 해주시며, 우리들의 연약함을 도와서 승리의 삶으로 인도하시며, 지도하시며, 주관하시는 분이시다. 그러므로 때를 따라 돕는 은혜를 얻기 위해서는 성령님과 항상 함께 하기를 원해야 한다. 늘 기도하며 그분의 도우심을 구해야만 한다. 오직 성령님의 도우심을 통해서만 완전한 영성적인 신앙이 될 수가 있는 것이다.

(2) 영혼과 영성

1) 영성적 신앙인이 되기 위해서는 우선 영혼의 자기 발견을 해야 한다.

성령의 역사로 영혼이 자기 존재를 발견하게 되고 그리스도 안에서 자신이 어떤 존재라는 발견이 있어야만 영성의 기초에 입문하는 것이라고 할 수 있다. 모든 인간은 자신이 어디에서 와서 무엇 때문에 살며 어디로 가는지를 전혀 알지 못하고, 육신의 정욕과 안목의 정욕과 이생의 자랑이란 늪에 빠져 허우적거리며 살아가고 있다. 그러나 사람이 세상의 부귀, 영화, 공명에 빠져 삶의 진정한 목표와 방향을 잃어버리면 곧 처절한 불안과 두려움에 몸부림치게 된다. 이런 한계상황에서 인간 스스로가 해결할 수 있는 것은 아무것도 없다.

오직 하나님의 사랑하심과, 자비하심의 긍휼로 구원의 손길 외에는 초월할 수 있는 능력이 우리에게는 없다는 사실을 알고 있다. 그렇다면 우리가 할 일은 무엇인가?

첫째, 하나님의 구원의 계획을 알고 새로운 신분의 변화가 있어야 한다. 우리를 지극히 사랑하셔서 구원하시고자 예정

(엡 1:4-5)하셨음을 알게 되고, 신분의 변화로 자신이 어떤 존재라는 실존의 가치를 깨닫는 동시에 하나님의 자녀로서 그분의 원대한 계획과 섭리를 알게 된다.

둘째, 하나님의 무한한 사랑을 체험하면 하나님의 은혜 안에 살아가고 있음을 알 수 있다. 하나님의 구원의 계획에 의하여 구원받은 자녀이지만 우리는 죄중에 태어났으며 또한 죄 가운데 살아가고 있다. 이런 우리는 하나님의 무한하신 은혜와 사랑 없이는 살아갈 수가 없을 것이다.

우리의 무거운 삶의 짐을 위하여 우리 주님은 지금도 우리에게 사랑으로 세미한 음성으로 말씀하신다.

"수고하고 무거운 짐진 자들아 다 내게로 오라 내가 너희를 쉬게 하리라"(마 11:28).

영혼의 자기발견 없이는 우리의 삶의 의미나 실존의 가치를 알 수가 없다. 자기를 발견한 사람은 하나님의 구원과 사랑의 은혜를 알게 되고 하나님의 사랑과 은혜로 살아가고 있음을 발견하게 될 것이다.

2) 잃어버린 자아를 발견한 후 그리스도화 시키는 영성적 작업이 있어야 한다.

"너희는 하나님께로부터 나서 그리스도 예수 안에 있고 예수는 하나님께로 나와서 우리에게 지혜와 의로움과 거룩함과 구속함이 되셨으니…"

새로운 신분변화란 단순한 변화가 아니라 예수 그리스도의 모든 것을 내 것으로 받아들이는 영성적 작업이다. 이것이 내 삶의 모든 부분에 있어야 한다.

그럴 때 예수님이 나의 지혜가 되시고 의와 거룩함이 되어 주시고, 구속함이 되셔서 죄와 병, 마귀의 종살이, 저주와 사망의 음부에서 해방될 것이다.

그러므로 아담이 범죄함으로 잃어버린 영혼을 재발견하여 타락한 자아가 아니라 하나님이 의도하신 건강한 자아로 새로운 변화를 맞이해 나가는 것이 신앙생활이다. 그리고 내 삶을 주관하시고 인도하시는 성령의 지도에 따라 모든 삶의 전반의 것을 영적으로 그리스도화 시켜나가는 것이 바로 영성화 작업이다.

인간은 이 변화와 이 작업을 통해서만 참 행복과 영원한 생명을 소유하게 되는 것이다.

3. 영성과 영성적인 삶

결국 영성적인 삶이라는 것은 그분의 뜻 가운데 그분이 원하시는 우리의 삶이라고 할 수 있다. 곧 그것은 예수 그리스도를 닮은 삶을 살게 하려는 것이다(엡 4:13).

(1) 인본주의에서 신본주의적인 중심의 삶으로 전환하는 것이다.

인간은 섬기는 삶으로 다른 동물과 구별된다고 할 수 있다.

여기서 인간은 하나님을 섬기기 위하여 창조되었음을 잘 알 수 있다. 우선적으로 인생의 진리를 알기 위해서는 '나는 누구인가'를 생각해 보아야 한다.

고도로 발달된 문명이나 철학에 의해서도 명쾌한 해답을 내놓을 수 없는 애매 모호한 문제가 아마도 이런 질문일 것이다. 나는 어디서 왔으며, 나는 무엇을 위하여 살고 있으며, 나는 어디로 가는지를 알게 되면 인생의 문제는 간단할 것이다.

우리의 인생을 표현하자면 검푸른 바다 한가운데서 심한 강풍을 만나서 일엽편주에 몸을 싣고 풍랑에 시달리며 표류하는 사람과 같다. 그는 그가 떠있는 곳이 어디이며, 어디로 흘러가고 있는지조차 모르며, 언제 어떻게 죽을지 모르는 사람과 무엇이 다른가? 자기가 누구인지, 어디로 가고 있는지, 어떻게 될지 도대체 예측할 수 없는 삶이나, 어디서 왔으며, 왜 살며, 어디로 가고 있는지의 차이는 똑같은 상황인 것이다. 이 세상에 사는 목적과 가치는 무엇인가? 죽음 후의 저 어둡고 비좁은 무덤 속에는 무엇이 있는지 알지 못한다.

자기 자신이 누구인지를 질문조차 해 보지 않았으니 어떻게 자기 자신을 알 수 있겠는가? 이 문제를 두고 우리 주님은 우리를 구원하기 위하여 이땅에 오신 것이다.

아무리 부귀 영화를 누리는 삶이라도 먹고 마시고 입는 것으로 만족하는 삶이라면 다른 동물과 다를 바가 없다. 자기의 위치, 방향, 생존의 의미도 모르는 삶은 아무리 부유하고 유복한 삶을 산다고 하여도 불쌍한 영혼인 것이다.

우리는 왜 밥을 먹고, 숨을 쉬고, 일을 하고 있는지를 알아야 한다. 이것을 모르면 우리의 가슴 속에 있는 허무와 허망함은 영원히 떠나지 않을 것이다.

영혼의 주인이신 하나님은 우리가 죽어서도 섬겨야 할 위대한 창조주이시다. 우리는 이 분을 섬기고 또 이 땅을 떠나서 본향인 하늘나라에 거하여 영원토록 섬기며 살아야 한다. 그러므로 이 땅에서 우리의 인생은 그분을 섬기기 위한 삶을 준비하는 기간이라 할 수 있다.

인간은 존귀한 존재이다. 그 분의 형상대로 창조되었으며, 영적 존재이므로 혼과 육체를 다스릴 수 있는 존재이다. 이런 우리가 자신의 수단과 방법, 자신의 지혜에 의지한다는 것은 참으로 어리석은 일이다.

우리를 창조하시고, 우주를 창조하시고, 만물을 창조하신 하나님의 전지전능하심이야말로 어찌 언어로 형용할 수 있겠는가?

지혜의 원천은 인간이 아니라 바로 하나님이시다. 이런 우리가 자신의 방법대로 살아가겠노라고 머리를 쓰고, 자신의 지식대로 움직인다면 그 삶은 실패작이 될 것이다. 영성적인 삶의 기본은 인본적인 모든 것을 신본적인 중심으로 옮기는 삶이라 할 수 있다.

"우리 가운데서 역사하시는 능력대로 우리의 온갖 구하는 것이나 생각하는 것에 더 넘치도록 능히 하실 이에게 교회 안에서와 그리스도 예수 안에서 영광이 대대로 영원 무궁하기를 원하노라 아멘"(엡 3:20-21).

(2) 하나님을 섬기며 사는 삶

인생을 가리켜서 '공수래공수거'(空手來空手去)라고도 하는데 이는 빈 손으로 왔다가 빈 손으로 간다는 뜻이다. 비록 이세상에 올 때에는 빈 손으로 왔지만 갈 때에는 이 땅 위에자신이 살고 간 흔적을 남기고 가야 한다.

예수님이 우리에게 남기고 가신 그 사랑이 오늘 우리의 가슴에 진하게 남아 있으며 그분의 가르침대로 이 땅에 사는동안 그분의 사랑을 다시 전달하고 가야 하는 그리스도인이라는 사실을 알아야 한다.

이제 인본주의적인 삶이 신본적인 삶으로 변화되고 하나님중심으로 살고자 하는 사람은 하나님이 기뻐하시는 삶이 되기 위한 영성적인 삶이 되어야 한다. "…너희 몸을 하나님이기뻐하시는 거룩한 산 제사로 드리라. 이는 너희의 드릴 영적예배니라"(롬 12:1-3).

우리의 몸은 그 자체가 하나님이 거하시는 거룩한 성전이다(고전 3:16). 그러므로 우리는 영적 갈등을 가지지 않을 수가 없다. 이 세상을 살면서 자기를 섬기든지, 하나님을 섬기든지 양자택일 해야 한다.

하나님의 성전이라는 사실을 알면서도 이율 배반적으로 자기를 섬기며 살아가는 신앙인들이 얼마나 많은가? 이런 상태에서는 영성이 제대로 자리를 잡지 못할 것이다.

하나님의 성전인 우리는 예수 그리스도를 닮는 삶을 이 땅에 남기고 가야 한다. 그래야만 "너는 나를 위해서 무엇을 하고 왔느냐?"는 주님의 질문에 답할 수 있을 것이다. 그러기 위해서 우리는 그리스도를 닮는 삶을 살아야 한다. 곧 그것이 영성적인 삶이라 할 수 있다.

(3) 하나님의 성품을 닮는 삶

하나님 중심의 삶을 살기 위해서는 하나님의 성품을 추구해야 한다. 하나님의 성품은 어떤 것인가?

우리가 아는 바와 같이 하나님은 의로우신 분이시다. 하나님은 불의가 하나도 없으신 분이다. 이러므로 불의한 삶의 태도를 갖고 사는 사람은 하나님과 동행할 수가 없다.

"이러므로 하나님의 자녀들과 마귀의 자녀들이 나타나나니 무릇 의를 행치 아니하는 자나 또는 그 형제를 사랑치 아니하는 자는 하나님께 속하지 아니하리라"(요일 3:10).

인간이 불의를 가지고서는 하나님을 만날 수 없으며, 부정과 부패를 가지고도 하나님을 만날 수 없다.

하나님을 닮아가는 개인과 가정과 사회는 반드시 부흥하고 발전한다. 그러나 하나님의 성품을 등지고 불의와 부정을 행하는 자는 실패하거나 멸망하고 말 것이다. 불의와 부정은 불신을 초래하고 자신을 비극적인 존재로 타락시키고 만다.

참된 영성은 불의를 좇아 썩어져 가는 옛사람을 벗어던지고 그리스도를 좇아 의로운 사람으로서 하나님을 섬기는 자이다(골 3:5-10).

우리가 종교적인 성품을 가지고 종교적인 환경에 동참하는 의미로 교회 열심히 왔다갔다 한다고 해서 하나님을 섬기는 것이 아니다. 하나님은 의로우시기 때문에 우리는 의로써 새롭게 변화 받아서 하나님과 교통하며 섬기는 것이 진정한 영성적인 삶이라 할 수 있다.

하나님의 성품은 거룩하시다. 그러므로 우리도 거룩한 자녀가 되어야 한다. 하나님의 성품은 자비와 긍휼이 많으시니 우리 또한 자비와 긍휼이 많은 자녀가 되어야 한다. 하나님은 사랑 그 자체이시다. 따라서 우리 역시 사랑을 실천하고 살아갈 때 하나님의 성품을 좇아 살아가는 영성적인 삶이 되는 것이다.

⑷ 하나님의 뜻을 따라 사는 삶

인간 자신도 자기 뜻을 세워서 삶에 반영하며 살아가는데, 하물며 천지와 만물을 창조하신 하나님께서 자녀인 우리 개인을 향한 뜻이 없을 리 만무하다. 영성적인 삶을 살기 위해서는 내 뜻을 주장하지 말고 하나님의 뜻을 간절히 찾아 그 뜻대로 살아가야 하는 것이다.

한 가정에도 남편의 뜻이 있고, 아내의 뜻이 있을 것이다. 가정이 원만하고 잘 되려면 부부가 선한 뜻을 따라 살아가는 것이 행복한 삶일 것이다. 그러나 비합리적인 뜻을 부부가 서로 고집하며 자기화 시키려할 때는 그 가정은 행복할 수가 없다.

하나님 역시 한 개인을 선택하시고 부르셨을 때 그 분의 뜻하시는 바가 있을 것이다. 이 뜻을 따라 살아가는 우리의 삶이야말로 참된 영성적인 삶이 될 것이다. 성경은 "너희 안에서 행하시는 이는 하나님이시니 자기의 기쁘신 뜻을 위하여 너희로 소원을 두고 행하게 하시나니 모든 일을 원망과 시비가 없이 하라"(빌 2:13-14)고 하신다.

소원과 확신은 하나님의 뜻을 알 수 있는 감지계이다. 하나님의 뜻을 헤아리고 그 뜻에 따라 사는 것이 올바르게 섬기는 것이다.

마치 자녀가 부모를 섬기려면 부모의 뜻을 잘 받아들여야 하는 것처럼 하나님을 섬기는 것도 하나님께서 나에게 향한 뜻이 무엇인지를 알아서 그 뜻에 따르는 삶이야말로 최상의 영성적인 삶이요 축복의 삶이라 할 수 있다.

(5) 하나님을 기쁘시게 하는 삶

남편을 섬기는 아내, 아내를 섬기는 남편은 서로를 기쁘게 한다. 부모를 섬기는 자녀도 부모를 기쁘게 하기 위하여 최선을 다하듯이 우리 역시 하나님을 섬길 때 하나님을 기쁘시게 하는 삶을 살 때 하나님의 놀라운 은총의 은혜를 받는다.

하나님이 기쁘시면 우리 역시 기쁨을 얻는다. 하나님을 기쁘시게 하려는 삶을 살지 않고 오히려 하나님을 이용해 자신의 기쁨을 위하여 살아가는 사람도 많다. 이럴 때 하나님은 슬퍼하실 뿐 아니라 우리에 대한 기대감이 무너져 내릴 것이다.

그러면 우리는 무엇으로 하나님을 기쁘게 해드릴 수가 있는가? 나의 물질과 유익을 얻기 위해서 섬기는 것이 아니라 하나님의 나라와 그 의를 위하여 영성적인 삶을 살면 하나님은 우리에게 무엇을 입을까, 무엇을 먹을까 하는 문제를 해결해 주실 것이다. 나 자신의 유익을 위한 탐욕을 버리고 순수하게 하나님을 섬겨야 할 것이다.

하나님을 섬기는 그 자체는 어떤 이해득실의 배경보다 그리스도인으로서 당연한 것이며 또한 사명이다. 내게 좋은 일이 있으면 섬기고, 그렇지 않으면 섬기지 않는 인간의 이해타산으로 하나님을 대하면 오히려 우리보다 먼저 아시는 하나님이시다.

하나님은 늘 기도로 자신과 대화를 하고자 하는 자녀를 사랑하신다. 하나님은 봉사하고 헌신하는 자녀를 기뻐하신다. 육신의 부모도 자신의 뜻을 잘 따르고 부모에게 효도하는 자녀에게 아낌없이 사랑을 베풀고 좋은 것을 베풀어 주시기를 원한다.

영성적으로 성장되고 성숙한 삶을 원하는 자녀는 하나님을 기쁘게 하는 삶을 살려고 노력하며 기도하는 사람일 것이다. 성령을 의지하여 하나님을 기쁘시게 하는 삶으로 성숙한 신앙인이 되자.

영성적인 삶이란 결국 그리스도화 되는 것을 말하는 것이다. 그러기 위해서는 모든 인본적인 삶을 신본적인 중심의 삶으로 전환해야 한다. 그 분이 우리에게 제시해준 삶의 본으로 그 분의 성품과 기쁘신 뜻과, 말씀대로 삶을 이끌어 나가는 성령님의 도움으로 은혜의 삶을 살아가야 할 것이다.

영성이 회복되면 하나님을 기쁘시게 하는 삶을 살 수 있다.

2장 · 영성과 성령충만

성령 충만은 곧 거룩한 변화를 받는 것이다.
이것은 중생의 체험과 성결을 통하여
확실하게 예수 그리스도화 되는 영성의 지름길이다.
성령님이 주시는 영적 은사는
하나님의 사역을 감당할 때 필요하므로 허락하신 것이다.

1. 두 종류의 성령 충만

성령 충만에는 내적 충만과 외적 충만이 있다. 영성에 있어서 성령은 중생케 하고, 말씀의 씨앗이 자라도록 한다.

모든 영성적인 삶의 열매를 맺게 하시는 분은 성령이시다. 말씀을 들으면 씨앗이 뿌려지고, 언젠가는 열매를 맺게 되는데 이것이 성령의 구속의 역사이다.

신앙에 있어서 어떤 목회자는 영성회복이나 성장을 두고 급수를 매기는 경우가 있는데, 결국 충만의 단계가 급수를 매기는 차원이 아님을 재삼 밝히고 싶다.

우리가 전적으로 관심을 가져야 하는 것은 인간의 잣대로 판단하는 것이 아니라 성령께서 역사하시고 우리를 이끌고 계신다는 사실을 믿는 믿음이다. 그리고 그 인도하심에 따라 순종하는 신앙심을 갖는 것이 중요하다.

(1) 충만

충만(Fullness)이라는 용어는 에베소서, 누가복음, 사도행전에서 등장하는데 성령께 사로잡혀 그분이 우리 영혼 속에 내주하셔서 역사하는 것을 뜻한다.

누가복음 1장에 마리아가 성령 충만하여 찬양하는 모습을 볼 수 있다. 바로 성령께서 마리아를 주장하시고 또 마리아의 영혼 속에 내주하셔서 역사하심으로 마리아는 이렇게 고백하게 된다.

"주의 계집종이오니 말씀대로 내게 이루어지이다"(눅 1:38).

우리들 영혼 속에 성령이 내주하셔서 우리를 인도하시고, 거듭나게 하시고, 성장케 하여, 구원의 길로 이루어 나가는 사역을 충만단계라고 할 수가 있다.

성령 충만함은 곧 거룩한 변화를 받는 것이다. 이것은 중생의 체험과 성결을 통하여 확실하게 예수 그리스도화 되는 영성의 지름길이다.

인간의 행위와 하나님의 역사, 인간의 철학과 하나님의 지혜가 만나서 영적 조화를 이루며, 하나님의 자녀로서 가야 하는 하늘나라 밝은 길로 인도하시며 도우시는 성령의 체험이 충만이라 할 수 있다.

(2) 은사

충만의 단계에서 성령은 우리에게 영적 은사를 주시는데 영적 은사는 하나님의 사역을 감당하기 위하여 하나님 자신의 필요에 의하여 주어진다. 교회를 위하여, 하늘나라 확장과 영혼구원을 위하여 그 사람의 능력과 개인적인 특성을 살려서 하나님의 필요에 의하여 쓰임을 받을 때 올바른 은사라 할 수 있다.

은사(Spiritual Gift)는 성령의 내재하심으로 이루어지므로 성령의 도우심을 받아야 한다. 성령은 우리의 인격을 들어 쓰시므로 반드시 성령께서 원하시는 인격을 갖출 때 올바른 은사가 주어지는 것이다.

내적 충만으로 이루어지는 은사는 성령의 영혼에 대한 사역을 의미한다. 즉 거듭나게 하시고, 영성적으로는 성화하게 하시고, 내적 변화로 성령의 열매를 맺게 하신다. 그것은 사랑, 희락, 화평, 오래참음, 자비, 양선, 충성, 온유, 절제 등이다.

외적 충만으로 이루어지는 은사는 육체에 대한 사역을 의미하며 주의 일을 이루어 나갈 수 있도록 주신 능력이다(고전 2:4-5, 12:7). 즉 능력의 은사라 할 수 있다. 성령의 은사적 사역은 지혜, 지식의 말씀, 믿음, 병고침, 예언, 영분별, 방언, 통역 등의 은사를 받아서 능력있는 사역을 할 수 있도록 하는 것이다(고전 12:7-11).

(3) 내적 충만

내적 충만은 성령께서 영혼을 거듭나게 하는 내적 변화의 사역이라 할 수 있다. 성령은 인간을 내적으로 변화시키는 힘을 가지고 있다. 여기서 내적 변화는 그 영혼과 성품에 작용한다.

갈라디아서 5장에 이런 내적 변화를 '성령의 열매'라고 하여 아홉 가지로 구분했는데, 이것은 사랑, 희락, 화평, 오래참음, 자비, 양선, 충성, 온유, 절제 등이다. 이것들은 한두 가지가 생기는 것이 아니라 성령의 역사로 일으키는 내적 변화이므로 아홉 가지 열매가 동시에 일어난다.

세상적으로 살던 나에게는 아주 나쁜 습성과 화급한 성격이 늘 문제였다. 혈기가 있어서 누구하고도 대인관계가 원만치 못하였고 화급한 성격으로 늘 사고뭉치로 이름처럼 타인에게 한기를 느끼게 하는 일이 다반사였다.

어느 날 은사집회에서 목사님의 말씀을 듣는 순간 온몸에 전율이 흐르면서 그 동안 느끼지 못하였던 본인의 문제들이 회개가 되기 시작했다. 왕방울 같은 눈물이 한달 내내 쏟아지면서 나 자신이 하나님 앞에 먼지 만큼도 못한 죄인임을 깨달았다. 그동안 교만함과 모든 자만심이 다 사라지면서 자성하는 가운데 성화되는 느낌을 받았다.

물론 그렇다고 금방 모든 것이 성화되지는 않았지만 그 이후로 점진적인 성결함 속에 영원히 버리지 못할 것 같았던 악습과 화급한 성격은 모두 사라지고 내가 아닌 나의 변화가 주위의 많은 사람들에게 하나님의 역사하심의 좋은 증거가 되었다. 내 영혼의 변화에 대하여 지금도 그 감사와 감격에 젖어 행복함을 느끼며 살아가고 있다.

"그런즉 누구든지 그리스도 안에 있으면 새로운 피조물이라. 이전 것은 지나갔으니 보라 새 것이 되었도다"(고후 5:17).

성령 충만의 내적 은사는 그 영혼을 변화시키는 능력과 힘이 있다. 참된 영성화는 바로 그리스도화 되는 것이다. 우리의 타락한 자아, 변질된 자아가 그리스도화 되지 않기 때문에 자꾸 비인간화, 비인간성을 가지고 죄 가운데 살아가고 있는 것이다.

나만 편하면 되고, 나만 좋으면 된다는 생각으로 이웃을 생각하는 마음을 잃어버린 현세대의 독선과 이기주의적인 신앙은 병든 신앙의 형태를 만들어내고 있다. 진정한 구원은 이런 것들을 회개하고 변화받는 영적 각성 가운데 거듭날 때 하나님이 기뻐하시는 영성일 것이다.

(4) 외적 충만

외적 충만은 성령의 육체에 대한 사역, 즉 성령의 은사적 사역이다. 즉 하나님의 사역을 감당하기 위하여 하나님 자신의 필요에 의하여 주어지는 모든 것을 가리킨다.

복음을 전할 때 자신이 평소에 말을 잘하는 것이 은사가 아니다. 그러나 그것이 은혜의 목적으로 성령께서 말씀에 감동 감화를 줄 때 은사가 되는 것이다. 하나님의 사역을 위하여 주어지는 지혜의 말씀, 지식의 말씀, 믿음, 병고침, 예언, 방언, 통역, 영분별, 기적의 은사 등을 말한다(고전 12:7-11, 행 2:1-4, 10:44-48, 19:1-6).

은사를 처음 받으면 대개 자신이 잘 해서 받은 것처럼 느끼면서 마치 그 은사가 자기에게 영원히 주어진 것처럼 착각하여 자기 생각대로 마구 남용한다. 그러나 사실 하나님의 사역에 필요해서 주어진 것이므로 모든 영광은 하나님께 돌리고 신중하게 하나님의 복음사역에 써야만 오랫 동안 능력있는 사역자가 될 것이다.

실제로 본인이 이런 착각 가운데 마구 남용하면서 개인의 영광스러움에 만족하다가 하나님이 은사를 걷어 감으로써 목회활동에 수많은 어려움과 고통에 처한 바가 있었다. 그후 진심으로 회개한 뒤 다시 은사를 받아 지금은 능력있는 사역으로 하나님께 영광을 드리고 있다.

우리는 생각지 않은 과분한 성령의 도우심으로 은사를 받을 때가 있다. 이럴 때 주께서 뜻하시는 바가 무엇인지를 잘 알고 오직 하나님의 영광만을 위하여 잘 활용하면 능력있는 사역과 하나님이 허락하시는 무한한 축복 가운데 은혜가 될 것이다.

실제로 믿음의 은사를 받으면 무엇이든지 믿는 대로 이루어질 때 얼마나 신나는 영성목회가 되는지 체험치 않고서는 그 기쁨을 알 수가 없을 것이다. 기도하는 대로 금방 응답이 되어 돌아올 때 그보다 더 훌륭한 사역이 어디 있겠는가? "내게 능력 주시는 자 안에서 내가 모든 것을 할 수 있느니라"(빌 4:13).

영성회복을 통하여 은사를 받아 능력있는 영성목회가 될 때 부흥은 물론이고 하나님이 기뻐하시는 사역이 될 것이다.

2. 인도하심과 조명

우리는 기도할 때 흔히 "주여, 나를 인도하여 주옵소서"라고 하는데 이 말은 곧 내 지식이나 내 판단을 넘어서는 것을 의미하는 것이다.

하나님께서 나의 선택과 결단을 올바르게 판단하여 인도하여 주시기를 바라는 것이다. 이것은 곧 나의 선택과 판단을 내 방법대로 행하지 않고 하나님께 맡긴다는 것이다.

즉 목자와 양의 관계이다. 양은 목자가 인도하는 대로 움직이고 따라간다. 목자가 인도할 때 양은 자기 의견을 가지지 않는다.

하나님은 우리에게 자유의지를 허락하셔서 모든 결정은 자기 스스로 하도록 하였지만 자기의 자아를 굴복시켜 자기의 수단과 방법이 아닌 하나님의 뜻에 따른 순종만이 목자를 따르는 양의 태도일 것이다.

양은 여러 마리라도 이탈하지 않고 정확하게 줄을 서서 따라간다. 그리고 골짜기를 지나고 강을 건너도 목자가 인도하는 대로 따라간다. 때로는 물이 마른 곳이라 먹을 것이 부족하고, 마실 물이 없고, 돌부리에 채어 넘어져도 목자를 따라간다. 목자는 반드시 자신의 생명을 지켜줄 것이고, 푸른 양식과, 맑은 물로 인도하는 선한 목자이기 때문이다.

그렇다고 인도하심을 오해하여 무작정 인도를 바라는 것은 아무 의지나 생각없이 살아가려는 것과 같다. 사도 바울의 선교에 있어서 계획이 있었느냐는 논란이 있다. 계획이 있었다면 성령의 인도가 밀려 나고, 계획이 없었다면 무책임하고 무모한 사람이 될 것이다.

해답은 계획은 있지만 성령의 인도함을 받은 것으로 보인다. 그리스도인은 계획과 꿈은 가지고 살아가지만, 그것을 성령의 인도에 맡겨야 한다.

즉 자신의 계획과 생각을 성령님의 의지에 합일시켜 나가는 것이 영성이다. 이렇게 모든 일에 성령님의 지, 정, 의에 자신을 합일시켜 나갈 때 성령은 우리의 가치관을 바꾸신다. 우리 안에 신령한 집을 세우시고 성령께서 우리의 이성을 지배하신다. 바로 구원받은 이성으로 살아가는 것이다.

구원받은 이성은 이 세상에서 가장 행복한 이성이다. 그러므로 가치관은 행복관이 되고 성령은 어떤 상황에서도 행복해질 수 있는 힘과 자신을 주신다.

모든 사물과 여건을 행복하게 볼 수 있는 시각과 마음을 주신 성령님은 우리에게 지혜를 주시고, 의를 주시고, 거룩을 주시고 생명을 주신다.

모든 일에 밝은 빛으로 조명해 주시는 성령의 역사야말로 위대한 삶의 진리요 생명의 원천이며 행복의 근원이다. 성령님의 인도하심과 조명하심에 따라 사는 삶이야말로 영성적인 삶이다.

3. 성령의 도우심

(1) 성령의 도우심이 필요하다

우리의 인생도 혼자서는 살아갈 수 없듯이 신앙생활 역시 성령의 도우심 없이는 불가능하다. 우리가 성공적인 신앙생활을 하기 위해서는 하나님의 절대적인 도우심이 필요하듯이 인도하심과 조명하심 외에도 많은 도움이 필요한 것이다.

예수님은 승천하시기 전에 제자들에게 우리를 도우시는 성령님을 보내주실 것을 거듭 강조하여 말씀하셨다. "내가 너희를 고아와 같이 버려두지 아니하고"라고 하셨으며, "내가 아버지께 구하겠으니 그가 다른 보혜사를 너희에게 주사 영원토록 너희와 함께 있게 하시리니"라고 약속하셨다.

예수님께서 처음으로 성령을 보혜사라고 부르셨다. 보혜사란 명칭의 뜻은 곧 "곁에 부름을 받아 돕기 위하여 항상 함께 계시는 이"라는 뜻이다.

보혜사 성령은 우리의 연약함을 돕기 위하여 예수님의 부르심을 받아 우리와 함께 하시며 우리들 가운데 역사하시며 우리를 도우시는 하나님의 영이시다.

1) 우리의 영적 연약함을 도우신다.

예수님이 구주 되심을 믿을 수 있도록 도와주신다(고전 12:3, 롬 8:16).

2) 기도할 수 있도록 도우신다.

우리가 기도의 끈을 놓지 않도록 도와 주신다.

3) 신앙적인 담력을 갖도록 도우신다.

예수님의 제자들이 성령 받기 전과 후의 모습이 달랐다. 성령님은 우리들의 사회생활 속에서 믿음으로 행할 수 있는 힘을 주신다.

4) 우리들의 지적 연약함을 도우신다.

성경을 깨닫게 하고, 말씀의 이해와 신속한 결단을 요구할 때 지혜를(약 1:5) 주신다. 그리고 생활에 필요한 정보를 제공해 주신다.

5) 우리들의 정적(감정) 연약함을 도우신다.

인간을 파괴하는 최악의 감정은 미움, 탐욕, 공포이다. 그러나 최선의 감정으로 사랑과 희락과 화평으로 안정을 갖도록 하신다.

6) 의지적인 연약함을 도우신다.

성령은 삶의 방향을 결정짓는 주인이다. 마귀는 우리의 의지가 약한 것을 알고 우리를 쓰러뜨리고 실패하게 만든다. 그러나 성령께서는 우리의 의지를 강건하고 담대하게 하여 삶을 승리로 이끌어 나가신다.

성령은 구원받은 우리들의 연약함을 도와서 승리의 삶을 살게 하고 궁극적으로는 천국에 도달하게 하기 위하여 지금도 우리를 성전 삼아 함께 하시고 역사하시고 계신다. 그러므로 때를 따라 돕기 위하여 계시는 성령님을 소중히 생각하며 성령님의 도우심을 얻어야만 영성적인 훌륭한 신앙인이 될 것이다.

(2) 도움을 주시기 위한 성령의 사역

영적 은사를 주시고 내재하심으로 우리의 인격 안에서 역사하셔서 우리를 그리스도화 시키며, 내재하심으로 모든 삶의 열매를 맺을 수가 있다. 성령의 인침으로 우리를 능력있는 그리스도인, 권세있는 그리스도인으로 하나님의 자녀로 삼으신다. 성령께서 하나님의 자녀로 인쳐 주셨기 때문에 오직 하나님만 의탁하며 살아가야 한다.

죽고 사는 문제까지도 책임져 주실 하나님께 우리는 모든 것을 드리는 것이다. 이것이 바로 영성이 충만한 신앙생활이 된다.

또한 성령은 인간을 내적으로 변화시켜 나가신다. 여기서 내적 변화는 성품에 작용한다. 갈라디아서 5장은 이런 성품의 변화를 가르켜서 성령의 열매라 하여서 아홉가지로 구분하였다. 그리스도의 성품으로 변화시켜 나가는 성령의 사역에 협조할 때 빠른 변화가 이루어진다.

성령은 우리로 하여금 죄를 이기게 하고 죄의 유혹을 물리치는 힘을 준다. 죄는 사람을 파멸케 하고 절망케 한다. 이런 죄의 절망 앞에 인간은 무력하다. 그러나 성령은 끊임없는 영적 변화 가운데 우리의 성품이 변하고 인격이 변하면서 죄를 이기게 하신다.

우리는 성령의 도우심과 성령의 이러한 사역에 적극적으로 협조하여 성령이 바라는 자아상으로 하나님께 순종하여 하나님의 놀라운 축복과 은혜가운데 살아가는 조명받는 빛의 자녀가 되어야 하겠다.

3장 · 영성회복을 위한 부활 4단계

침체되어 있고 절망 가운데 있는 사람은
하나님과의 재정립으로 부활에 이르러야 한다.
야곱의 귀향과정을 통해
우리는 희망, 절망, 항복, 부활에 이르는
부활 4단계를 배울 수 있다.

1. 보이지 않는 세계

(1) 영적 세계

우리는 육신으로 태어난 그대로의 삶을 살아가고 있기 때문에 눈에 보이는 현실적 세계에만 안주하고 있다. 이러한 삶을 감각적인 삶이라고 한다. 이 감각적인 삶을 추구하는 우리는 아무 것도 영원한 것이 없는 바람같이 지나가는 일시적인 허무한 삶이라고 해도 과언이 아닐 것이다.

막상 죽음이 다가오면 이 보이는 세계를 잃어버리고 죽음보다 더한 절망의 나락으로 떨어져 버리고 만다. 현실을 살아가는 사람들은 마치 이 절망이 자기와는 전혀 상관없는 것처럼 그저 눈에 보이는 감각적인 세계에만 도취되어서 정신없이 살아가고 있다. 그러나 하나님은 우리들에게 눈에 보이지 않는 영적 세계를 제시하고 계신다.

믿음으로 볼 수 있는 세계, 오직 거듭난 자만이 갈 수 있고, 중생한 자만이 부활할 수 있는 세계, 우리는 이 세계를 가리켜 영적 세계인 하늘나라라고 한다. 이 영적 세계는 영적으로 부활한 자만이 그 영광을 누릴 수가 있다.

영성적으로 회복 없이는 이 세계를 알 수 없으며, 영적 성장만이 하나님의 은혜와 축복의 삶을 보장해 줄 것이다.

아담의 원죄와 우리들의 죄로 인하여 단절되어버린 하나님과의 영적 교통을 다시 회복하여 능력있는 하늘 백성이 되어야 한다.

우리는 현실에 존재하는 감각적인 세계에서 눈에 보이는 것만 추구하며 살아가기 때문에 절망적인 삶을 살아가지 않으면 안된다.

육체의 정욕을 따라 사는 삶이기에 끝없는 탐욕으로 세상은 악으로 물들어 있다. 그로 인한 스트레스, 고독, 질병, 좌절, 절망, 사고, 전쟁, 기아, 천재지변, 환경의 오염, 죽음 등의 고통은 우리 인간의 힘으로는 도저히 해결할 수 없는 단계에 이르렀다. 이러한 삶에 절망과 회의를 느낀 일부 심약한 사람들은 자신의 실존의 가치와 의미를 잃어버리고 인생을 스스로 포기하고 패배적인 삶으로 하나님이 주신 귀중한 삶을 포기하기도 한다.

올바른 신앙심과 정상적인 삶의 가치관을 가진 사람이라면 누구나 삶의 행복을 추구하며 성공적인 삶을 추구하기를 원할 것이다. 이러한 인간의 문제, 삶의 문제를 해결하시기 위하여 2000년 전 예수님은 이땅에 구세주로 오셨으며 잃어버린 하나님과의 영적 불목의 담을 허물어 버리시고 하나님과 교통할 수 있는 대속의 은총을 우리에게 은혜로 베풀어 주셨다.

그러므로 우리는 잃어버린 영성을 회복하여 영성적으로 살아가는 삶을 추구할 때에 예수 그리스도의 대속의 은총의 역사가 이루어질 것이다.

많은 사람들 중 영적으로 살아가는 사람이 있는가 하면 혼적으로 살아가는 사람도 있다. 아담 역시 타락하기 전에는 영으로 살았지만 타락한 후에는 혼적인 삶을 살지 않을 수 없었다.

영적으로 사는 길은 생명과 평안이요, 혼적으로 사는 길은 결국 죽음의 길인 것이다.

짐승도 혼이 있지만 영적인 것은 없다. 영은 하나님을 모신 그릇이다(양심, 직감, 교통). 혼은 자기를 담은 그릇이다(지, 정, 의). 죄로 영이 죽자 하나님과 교제가 끊어졌다(영적 교통 단절).

혼적인 사람은 자기 자신의 바벨탑을 끊임없이 쌓아갈 뿐이다. 그래서 영에 사는 사람과 혼에 사는 사람의 차이가 분명 하게 나타남을 알 수가 있다.

1) 영적인 사람

① 중생하여 거듭난 사람이다.

② 자기를 굴복시켜 하나님 말씀 중심으로 살아가는 사람이다.

③ 믿음으로 하나님을 사랑하고 깊이 신뢰하는 사람이다.

2) 혼적인 사람

① 무신론자이며 인본주의적인 삶을 살아가는 사람이다.

② 감각적이고 이성주의자이다.

③ 자기중심적이며 육체적 쾌락주의자이다.

④ 허무와 사망의 노예적인 삶을 살아가는 사람이다.

결국 영적으로 사는 사람은 어떤 환경에도 초연하고 혼적인 동요를 정복하고 하나님 말씀 중심에 살아가는 사람이다.

이제 우리는 주님이 우리에게 베풀어 주신 구원의 은총으로 잃어버린 영성적인 것을 회복시키면 하나님의 은혜로 죽어버린 영적 세계의 모든 삶들이 새롭게 부활될 수가 있다.

그러므로 영적 세계를 갈망하는 자는 시들고, 축 처져있는 믿음이 아니라 생기있고 창조력있는 믿음의 실제적인 능력으로 성장하게 된다. 모든 삶의 불안과 공포, 염려와 걱정 근심이 사라지고, 확신과 담력과 희망, 기쁨이 생겨나서 어떠한 환경의 절망도 극복하는 내적인 힘이 생긴다. 그리하여 구원의 확신과 더불어 생기발랄한 삶의 생명력으로 열정적이고 긍정적이며 창조적인 삶으로 부활될 것이다.

(2) 영성회복시 생기는 영적 기능들

영성이 회복되면 영적으로 죽어있던 기능이 다시 살아나면서 다음과 같은 영성적 기능부활이 일어난다.

1) 직 관

혼에 감각이 있듯이 영에도 감각이 있다. 영은 혼에 밀접하게 연관되어 있지만, 혼과는 완전히 다르다. 혼은 갖가지 감각을 지니고 있다. 그러나 영적인 사람은 혼적인 감각과 전혀 다른 일련의 감각을 자기 존재의 가장 깊은 곳에서 탐지할 수 있다. 영도 영의 심층에서 기뻐하고, 슬퍼하고, 기대하고, 사랑하고, 두려워하며, 인정하고, 판단하고, 결정하고, 분별할 수가 있다.

이러한 활동은 영 속에서 감각되는 것으로서, 몸을 통하여 혼에 의해 표현되는 감각과는 완전히 다른 것이다(고전 14:15-16, 고후 2:13, 고후 4:13, 엡 1:17, 골 1:8, 행 20:22, 요 11:33, 요 13:21, 눅 1:47 참조). 이 영적인 감각을 직관이라 한다. 그것은 이 감각이 어떤 동기나 이유가 없이 즉 나의 혼적 의지와는 관계없이 직접 침투되며 어떤 과정을 거침없이 직접적으로 나타나는 감각이다.

사람의 보통 감각은 사람이나 사물이나 사건에 의하여 기인되고 발생된다. 그러나 영적인 감각은 외부의 원인이 필요 없고 내면으로부터 직접적으로 표출되는 것이다. 영과 혼의 유사점이 많아서 혼돈하기가 쉽지만 외부의 영향을 받지 않는 내면의 감각을 직관이라 한다.

예를 들어서 어떤 좋은 일을 했을 때 도움 받은 대상이 감사하며 인사를 할 때 혼적인 기쁨이 들어올 것이다. 그러나 그것과 상관없이 도움을 받은 상대가 전혀 감사하지 않아도 내면에 있는 영이 성령으로 인하여 기쁨을 얻는다면 외부로부터 얻는 기쁨보다 천 배 만 배 깊이 있는 기쁨이 들어오게 된다.

성령은 우리의 직관을 통하여 인도하시고, 지도하시며 하나님의 계시를 전달하는 것이다.

2) 영 교

우리는 몸을 통하여 물질세계와 교통하고 있다. 그러나 영은 영적 세계를 통하여 교통한다. 이 영적 세계와의 교통은 이성이나 감정을 통해 이루어지지 않고 영이나 영의 직관을 통하여 이루어짐을 알 수 있다.

하나님을 예배하고 하나님과 교제를 나누려면 먼저 하나님과 유사한 성격을 지녀야 할 것이다. "하나님은 영이시니 예배하는 자가 신령과 진정으로 예배할지니라"(요 4:24). 서로 다른 성격 사이에는 교통이 있을 수가 없다. 그래서 영이 죽어있는 불신자와 영을 사용치 않는 형식적인 신자는 하나님과 순수한 교제를 나눌 자격이 없다.

하나님과 우리의 교제는 우리의 생각이나 느낌, 의지보다 더 깊은 곳, 나의 가장 깊은 곳에서 영의 직관으로 경험할 수 있다. 직관은 계속 자랄 수 있으며, 직관에는 한계가 없다.

이러한 직관에 의한 영교는 성숙하지 않으면 절대로 교제 할 수가 없다. 똑같은 말이라도 그의 성장과 성숙에 의하여 가치관이 달라지듯이 하나님이 원하시는 영성적 교제는 장성한 삶 가운데 교통이 이루어지지 그렇지 못한 상태에서는 이루어질 수 없다.

3) 양 심

우리가 하나님의 영광에 이르지 못할 때에 우리를 꾸짖거나 질책하여 하나님의 자녀로 구원에 이르게 하는 기능이다. 우리가 죄인이었을 때에, 우리의 영은 철저히 죽어 있었다. 따라서 우리의 양심도 죽어 있었고 정상적인 기능을 할 수가 없었다.

죄인을 구원하는 데 있어서 성령께서 첫 번째로 하시는 일이 죽어있는 양심을 살리고 깨우는 일이다. 성령께서 죄인이 하나님 법을 어긴 것과 그가 하나님의 의로운 요구에 응할 수 없다는 것을 깨우쳐 주신다.

또 이러한 죄인은 정죄된 상태에 있으며 영벌을 받아 마땅하다는 것을 깨닫게 하시기 위해 어두워진 양심을 흔들어 깨운다. 이때 우리는 이 양심을 통해 하나님 앞에 나갈 수 있는 길을 제시해 주신다.

하나님이 주신 양심에 비추어 빛을 발할 때 직관과 더불어 영교를 할 수 있는 놀라운 은혜가 주어진다.

(3) 영성적 생활의 위험 요소

영적 세계를 갈망하는 사람은 매일 영적인 것을 따라 행하는 것보다 더 중요한 일은 없을 것이다. 언제나 영적인 상태에 머물러 있어야 하므로 말씀과 기도로 내면의 세계를 사탄으로부터 보호하지 않으면 안된다.

우리의 삶은 곧 영적 전투이므로 항상 하나님의 뜻에 순종하도록 자신의 자아를 하나님 앞에 굴복시켜야 한다. 사탄의 공격이 올 때 성령님의 도움으로 자신을 보호하여 주는 것이 곧 영적 생활이라 할 수 있다.

여기에는 잠시라도 방심해서는 안되고 쉼이란 있을 수가 없다. 지금 나는 성령께 이러한 영적 문제를 가지고 과연 도움을 청하고 있는지를 살펴보아야 한다.

올바른 영성적 생활을 지탱하기 위하여서는 반드시 성령의 인도하심과 지도하심을 따라 살아야만 한다.

십자가의 삶은 영을 따라 행하며 사는 것을 의미하는 것이다. 영성적인 삶 자체를 영위하기 위해서는 날마다 자신을 부인해야 한다. 또한 자신의 십자가를 지고 주님을 따라가는 삶이 되어야 한다.

모든 성도들이 하나님의 뜻에 따른 삶, 성령의 인도하심을 따르는 삶을 희망하고 있으나 결국은 육신의 정욕에 의한 삶의 틀을 쉽게 벗어나지 못하고 있다. 그 이유는 항상 곁에서 우리를 돕고자 하시는 성령을 진심으로 모셔들이지 못하고 있기 때문이다.

많은 이들이 자기 영에 성령의 역사가 가끔 일어나는 것을 체험하고 그것이 전부인 양 감격하여 특별한 경험으로 간증하지만 그것은 일상적인 경험이라고 할 수 있다.

성령의 역사는 지금도 일어나고 있으며, 계속적으로 역사하고 있다. 또한 매일같이 은혜로 함께 계신다는 사실을 알아야 한다. 때로는 성령의 역사를 우리는 혼적으로 느끼고, 감성적으로 받아들이려고 하는데 이점을 잘 분별하여야 할 것이다.

우리는 혼적인 것과 영적인 것을 구분하지 못할 때가 많다. 생각을 할 때는 그 생각의 출처가 어디인지를 인식해야 할 것이고, 느낌을 받을 때는 그 느낌이 어디서 유래하는가 방향 포착을 잘 해야 한다.

우리는 흔히 자아의식을 제공하는 것을 알 수 있다. 이 자아의식의 한 양상으로 바로 자기 성찰을 들 수 있는데, 이것은 영적 생활에 도움을 주는 것처럼 느끼게 되지만 사실 신령한 생활에 걸림돌이 된다.

자기 성찰의 초점을 자기 중심적으로 맞추게 되면 '자아 생명의 성장'만을 촉진시키는 결과가 되어서 오히려 교만과 자기 자랑만 나타나는 경우가 많다. 자아의식의 자기 성찰이 아니라 그 초점을 영적으로 하나님께 맞추어 하나님을 거울삼아 영적 자기 성찰을 하면 오직 회개와 거듭남의 순종만 있을 뿐이다.

성령께서 공급해 주시는 지식을 통해서 속사람의 모든 부분이 어떤 상태에 놓여 있는지를 분별할 필요가 있다.

거듭난 성도들이 자기가 영을 소유하고 있다는 사실조차도 의식하지 못하는 경우가 많다. 이들은 영을 가지고 있지만 이런 영적인 감각을 혼적으로 이해하는 경향을 갖고 있다.

예수 안에서 거듭난 사람들이 주의해야 할 것은 이런 혼적 상태로 영적인 것을 인식치 못하는 오류로 신령한 삶을 살아가는 것이 아니라 혼적으로 잘못 인식하여 살아가고 있을 때가 있다는 것이다.

우리가 의지하고 생활해 나갈 것은 영의 생명이다. 이 생명의 유지를 위해서는 영적 감각이 어떤 것인지를 알아야 한다. 혼은 외부의 영향을 받지만 영은 내부의 영향력에 의하여 혼으로부터 자유로워진다. 우리가 혼동을 일으키는 것은 혼적 감각과 영적 직관이 비슷하기 때문일 것이다. 혼적인 것은 대개 일정한 방향으로 기울어지게 되어 있다. 즉 감정이나 이성적으로 기울어진다.

그러나 영적인 것은 영의 직관을 따르는 것이다. 자신의 어떤 감정이나 이성적인 것이 배제된 가운데 오직 성령님의 지시에 따라 움직이는 것이라 할 수 있다.

모든 영적인 지식과 영적인 교통과 양심은 이 직관을 통하여 들어오게 되어 있다. 우리 자신이 영적인 것을 스스로 헤아려 보겠다는 생각은 버리고 오직 성령의 지시에 따르고자 하는 마음을 직관적으로 포착해야 한다.

영성교육에 참여한 많은 이들이 은사를 사모하여 진지하게 성령께 은사를 구한다. 그러나 그것은 일시적인 기쁨에 지나지 않는다. 왜냐하면 그 뒤에는 '나'라는 사람이 숨어 있기 때문이다. 어떤 외적인 감정, 이성적인 것이 발동하여서 몸이 뜨거워지고 일시적인 감동에 의한 은혜로 성령 충만함을 느끼는 것은 지나가는 바람과 같은 일시적인 현상에 불과하다.

감정을 수단으로 하나님을 추구하는 것은 사람에게 곧 실망을 안겨줄 뿐이다. 왜냐하면 그것은 자신의 혼의 생명을 자극시키는 일시적인 것이기 때문이다.

우리의 진정한 영적 추구는 감정적으로 하나님의 임재를 어떻게 느끼느냐 하는 문제가 아니다. 어떻게 성령님의 지시와 계시를 따라 사느냐가 중요하다.

믿는 자가 영성적인 생활을 하지 않고 자기가 타고난 생명에 의한 삶을 살면서 성령 세례를 받고 영적인 삶을 산다고 자부하는 사람들을 종종 만나게 되는데, 이들은 아직도 영적 세계를 분별할 수 있는 직관이 결여되어 있는 것이다.

하나님 앞에 가치있는 것은 감정이 아니라 영적으로 이루어지는 교통함이다. 성경에 기록된 영의 기능을 살펴보면 영적인 것도 감정처럼 격정적일 수도 있고, 이성처럼 냉철해질 수도 있다는 것을 알 수 있다. 그러나 외부적인 영향을 받지 않으므로 내적인 동요가 일어나는 것이 아니라 성령의 역사에 따라 느낌의 차이가 난다고 할 수 있다.

성령의 역사를 논리적으로 생각해 보려거나 노력하는 사람들은 잘못된 망각에 빠져 있다고 보아야 할 것이다. 성령의 인도와 지도하심대로 살아가는 삶이 진정한 영성적 생활인 것이다.

1) 사탄의 공격

사탄은 하나님과 영적 단절을 위하여 일단 성도의 생활을 혼적인 것에 가두어 놓고 영을 차츰 소멸시켜 나가는 방법을 사용한다. 또한 하나님의 자녀들에게 이상한 육적인 감각 및 쾌락을 제공하고 여러 가지 산만한 생각으로 혼란을 가중시켜 나간다. 이럴 때 우리는 무엇이 영에 속하고 무엇이 혼에서 나오는 것인지를 구별할 수가 없을 뿐 아니라 분별력을 잃어버리고 혼란에 빠질 수가 있다.

사탄은 믿는 자들이 승리하게 되는 비결이 자신의 영적인 감각을 잃고 깨우치는 것에 있다는 것을 안다. 그래서 이것을 위하여 자기의 온 힘을 다 동원한다. 이런 영적 전투에서 그리스도인들은 자기 감정이나 갑작스러운 생각에 따라 행동해서는 안된다.

우리가 이미 기도를 드렸기 때문에 자신의 생각이 틀릴 리가 없다고 생각하지도 말라. 기도중에 떠오르는 생각이 모두 하나님께로 오는 것이라고 믿는 것도 다소 무리된 생각이다. 하나님은 우리의 이성을 통하여 분별을 주시는 것이 아니라 영으로 알리시고 분별을 주신다는 것을 알아야 한다.

그러나 사탄은 영을 따르는 대신 혼적인 이성과 체험을 통한 육신적인 것을 따라 생활하도록 하는 데 더 고차적인 방법으로 생각이나 느낌을 통하여 겉사람을 따라서 살도록 유인한다. 그리고나서 영으로 가장하고 영적인 감정의 혼란의 주기 위하여 거짓된 감정을 일으킨다.

영적인 감각이 둔화되면 이런 악한 영의 침투를 모를 뿐 아니라 혼란이 가중되어 결국 혼을 빼앗기고 포로가 된 상태에서 악한 영이 지배하는 불행이 주어진다. 사탄은 그리스도인들이 자신의 상태에 무감각할 때에 더욱더 무자비한 공격을 하게 된다. 이때 분별력을 상실하여 어떤 것이 진리인지를 몰라 악한 영과 거짓의 영에게 사로잡히는 위험 요소가 주어진다.

"범사에 헤아려 좋은 것을 취하고 악은 모든 모양이라도 버려라"(살전 5:21-22).

2) 사탄의 참소

사탄이 영의 직관이 인도하는 대로 살아가는 영적 사람을 공격하는 또 하나의 방법이 있다. 그것은 갖가지 참소로 우리의 양심을 속이고 거짓되게 표현하는 것이다. 우리의 양심을 깨끗하게 보존하기 위해서 우리는 양심의 책망을 받아들이고 책망하는 것은 무엇이나 그대로 처리하고 싶어한다.

사탄은 우리가 양심을 죄책감없이 깨끗하게 보전하고 싶어하는 욕망을 이용하여 우리에게 여러 가지 책망의 화살을 던진다. 우리는 이러한 책망이 자신의 양심에서 오는 것으로 착각하여, 거짓된 책망대로 문제를 해결하려고 애쓰다가 결국 마음에 평안을 잃고 자신감 상실과 심한 죄책감으로 시달리는 것을 알 수 있다.

사탄은 하나님 앞에서뿐만 아니라 우리 자신에게도 참소한다는 것을 인식하여야 한다. 사탄은 우리가 잘못했기 때문에 반드시 대가를 치러야 한다고 생각하게 함으로써 우리를 혼동시키고 있다.

죄를 지었다면 이것을 잘 분별하여서 주의 보혈로 씻음을 받고 깨끗하게 하심을 구해야 할 것이다(요일 1:9). 그런데도 책망의 소리가 자꾸 들려온다면 그것은 악령의 소리이다. 그리스도께서 속량하신 대속의 은총을 믿고 사탄의 참소를 물리쳐야 한다.

3) 또 다른 위험들

영을 따라 행하는 길에는 사탄의 위장술과 공격 외에 또 다른 위험이 놓여 있다. 사탄은 종종 우리 혼의 어떤 것을 위조하거나 감각하여, 우리로 하여금 어떤 조치를 취하게 만든다.

모든 감각이 영에서 유출되는 것이 아니라는 사실을 잊어서는 안된다. 몸과 혼과 영은 모두 각각 자신의 감각을 소유하고 있기 때문이다. 혼적인 감각이나 육적인 감각 자체를 영의 직관으로 해석하지 않는 것이 참으로 중요하다.

우리는 날마다 경험을 통하여 무엇이 순수한 직관이며 무엇이 아닌지를 배워야 한다. 그러기 위해서는 기도와 말씀과 성경 중심에서 성령의 감동을 받아 성령 안에서 행하고 있는지를 면밀히 검증하는 배려가 있어야 한다.

2. 야곱의 인생체험

(1) 야곱의 귀향 계획

야곱의 인생체험을 통하여 우리는 어떻게 영성회복을 할 것인가를 알아보기로 하자.

야곱은 이삭의 아들로 태어났다. 이삭은 쌍둥이를 낳았는데 첫째가 에서이고 둘째가 야곱이다. 에서는 전신이 갑옷 같아서 '털 많은 자, 붉다'는 뜻의 이름을 얻었고, 야곱은 형의 발꿈치를 잡고 나와서 '교활한 자'라는 이름을 지어 주었다.

에서는 자라서 사냥꾼이 되었고 야곱은 집안 일을 돕는 일을 맡게 되었다. 이 때문에 어머니 리브가는 야곱을 더 사랑했고 아버지 이삭은 형인 에서를 더 사랑하였다.

에서는 하나님을 별로 의식하지 못하고 하나님의 일을 두려워하지 않는 육의 사람이었다. 야곱은 하나님을 의식하고 하나님을 두려워했지만, 그래도 인간의 방법과 수단을 사용하여 자신의 운명과 환경을 개척하려고 했던 사람이었다.

야곱은 늘 형 에서의 장자권에 대하여 욕심을 부리고 탐하였다. 그런 차에 야곱이 어느 날 팥죽을 쑤고 있는데 에서가 사냥을 나갔다가 지친 모습으로 돌아와서 야곱에게 팥죽 한 그릇을 요청하게 된다. 이 절호의 기회를 놓치지 않은 야곱은 형 에서에게 장자 명분을 오늘 내게 팔라고 요구하게 된다.

어리석은 에서는 배가 무척 고픈 상태여서 "내가 죽게 되었으니 이 장자의 명분이 내게 무엇이 유익하리요" 하고 장자의 명분을 팥죽 한 그릇을 넘겨 주게 된다.

세월이 흘러 이삭이 눈이 어두울 정도로 연로하였을 때 이삭은 에서에게 사냥하여 별미를 만들어 대접을 받은 후 축복 주기를 원했다.

이것을 들은 이삭의 아내 리브가가 작은 아들 야곱에게 이 사실을 알리고 에서에게 내릴 축복을 야곱이 받도록 권유하였다. 그리하여 야곱은 어머니 리브가와 공모하여 아버지 이삭을 속이고 장자의 축복권을 받게 되었다.

일이 이렇게 되자 이것을 안 에서가 야곱을 죽이려 하였다. 리브가는 오빠인 라반의 집으로 야곱을 피신시켜 그곳에 살게 하였다. 이렇게 해서 야곱은 라반의 집에서 20년이라는 세월을 머슴살이 하며 지내게 되었는데 그 동안 야곱은 라반을 속이기도 하고 또 라반에게 속기도 하였다.

그는 인간의 수단과 방법을 동원하여 자신에게 주어진 환경과 운명을 극복해 보려고 갖은 애를 써보았지만 참된 삶의 의미와 가치를 느끼지 못하고 늘 허무한 세월을 보냈다. 그러다가 결국 귀향을 결심하고 처자와 재산, 짐승들을 챙겨 가지고 야간 도주를 시도하다가 외삼촌 라반에게 붙잡히기도 했다. 그러나 다행스럽게도 하나님은 야곱을 보호하기 위하여 잡히기 전날 밤 꿈을 통하여 라반에게 야곱에게 손을 대지 못하도록 조치를 취해 무사할 수 있었다.

야곱은 다시 귀향 길로 발걸음을 재촉하였고 고향에 가기 전 사람을 보내어 이 사실을 집에 알렸다. 전령이 돌아와서 보고하기를 에서가 400명의 군사를 데리고 나온다고 했다.

이 소식을 전해 들은 야곱은 심히 불안하여 얍복강에 이르자 짐승을 나누어서 종들에게 데리고 가게 하면서 "만약에 내 형 에서가 너를 만나 묻기를 네가 누구이며 어디로 가느냐 하면 대답하기를 주의 종 야곱의 것이며 자기 주 에서에게로 보내는 예물이오며 야곱도 우리 뒤에 있나이다" 하고 시켰다.

야곱이 이런 방법을 쓴 것은 에서의 공격에 준비한 것이고 또 도망칠 계산이었음을 우리는 성경을 통해 알 수 있다.

창세기 32장 20절 말씀에 "이는 야곱의 생각에 내 앞에 보내는 예물로 형의 감정을 푼 후에 대면하면 형이 혹시 나를 받으리라 함이었더라."고 했다. 이처럼 자신의 총명한 머리에 의지하여 인간적인 방법에만 매달리던 야곱에게 그 자아를 깨는 하나님의 계획이 기다리고 있었다.

아내와 아이들까지도 보낸 야곱은 혼자 얍복강 나루터에 앉았다. 그는 마음이 심히 불안하고 여러 가지 두려움이 있었던 것이다.

형이 선물을 받고도 마음을 풀지 않으면 혼자서라도 도망

가야겠다는 생각을 하고 있을 때 갑자기 천사가 나타나서 야곱은 천사와 씨름을 하게 되었다. 천사가 야곱에게 요구한 것은 인간의 수단과 방법을 버리고 하나님 앞에 깨어져서 순종하는 사람이 되는 것이다.

그러나 야곱은 이를 거부하였다. 그러자 천사가 손을 들어 야곱의 환도뼈를 내리쳤다. 형 에서가 와도 이제는 도망갈 수도 없게 된 야곱은 그때서야 깨어져서 하나님의 의중을 알게 되었다. 그래서 결사적으로 천사에게 매달려서 축복을 해달라고 하였다. 그럴 때 천사가 "네 이름이 무엇이냐?"고 물었다. 교활한 자 야곱이라고 대답하자 천사는 "다시는 네 이름을 야곱이라 부르지 말고 이스라엘이라 부르라. 이는 네가 하나님과 사람으로 더불어 겨루어 이기었음이라" 하고 말했다. 그리고 천사는 야곱에게 축복을 해 주었다.

여기서 야곱은 완전히 새롭게 변화를 받는 과정을 거치게 되고, 그 동안 인간적인 방법과 수단을 통하여 자신의 운명과 환경을 개척하려던 것을 버리고 이제는 하나님의 뜻대로 살아가는 사람으로 변화를 맞이하게 되었다.

절뚝거리는 다리를 이끌고 얍복 나루터를 건너 고향을 향해 걸어가는 모습을 보면 인간적으로는 완전히 패배한 죽음의 걸음걸이였다. 하지만 하나님 편에서 볼 때는 하나님 앞에서 회복되고 부활하는 승리의 모습이 아니고 무엇이겠는가?

살기를 품고 달려오던 에서의 마음을 하나님은 녹여서 오히려 불쌍히 여기게 하여, 죽이려고 온 400명의 군사를 반대로 호위하여 고향으로 돌아가도록 역사하셨던 것이다.

우리는 이 얘기를 통하여 하나님과의 관계를 재정립해야 한다. 야곱이 인간적 수단 방법을 통해서 살았을 때는 운명과 환경을 극복하지 못하고 깊은 절망감 가운데 있었지만, 하나님 앞에 항복하고 순종하기로 결정했을 때는 하나님께서 그를 회복시켜 주셨다는 사실을 깨닫고 하나님과의 참된 관계 개선에 힘을 써야만 한다.

하나님과의 관계 개선이 바로 영성 회복이다.

침체되어 있고, 절망과 불안에 싸여 낙심 가운데 있는 분들을 위하여 하나님과의 재정립으로 부활에 이르러야 한다.

우리는 이러한 야곱의 귀향 과정에 그가 하나님의 계획에 의한 부활하는 과정을 통하여 부활의 4단계를 함께 검토해 보며 연구해 보기로 하자.

1) 첫째 단계 ─ 희망의 단계

야곱의 귀향 계획을 통해 우리는 배울 점이 있다.

첫째, 야곱처럼 기도 중 분명한 목표가 정해져야 한다.

둘째, 목표가 완성될 기한이 세워져야 한다.

셋째, 목표를 달성할 계획을 세워야 한다.

넷째, 모든 일에 믿음을 가져야 한다.

이와 같이 모든 일에는 목표가 있어야 하고, 그 목표를 이루기 위할 때가 바로 희망찬 시기라고 할 수 있다.

신앙에도 이러한 목표와 하나님에 대한 신뢰와 믿음으로 나가지만 모든 것이 생각대로 되지 않듯이 반드시 믿음의 정반대 현상인 절망의 상태가 다가올 때가 많다. 이럴 때 우리

의 믿음이 이 희망의 단계를 이루기 위하여 영성적인 회복을
이룰 때라고 말할 수 있다.

2) 둘째 단계 — 절망의 단계

하나님은 일의 성공 전에 우리 자아의 찌꺼기를 제하시고
그것에 합당한 인격체로 형성한 뒤 축복을 주신다.

야곱의 환난을 통해 알 수 있는 점은 믿음대로 되지 않고
정반대의 현상이 일어나기도 한다는 것이다. 그 현상은 다음
과 같다.

첫째, 고난이 다가오고 불안과 두려움이 생긴다.

둘째, 낙심 가운데 실망으로 인한 자신감을 상실한다.

셋째, 절망감과 좌절이 다가온다.

넷째, 영적 침체(기도가 되지 않고, 믿음이 정체됨)가 있다.

야곱은 꿈에 부풀은 귀향 계획에도 불구하고 막상 행동으
로 옮기고 보니 두려움이 앞서는 불안감에 휩싸이고 만다.

우리 역시 어떤 일에 대한 소망과 기대감으로 일을 시작하
지만 오히려 절망감에 빠질 때가 많다. 이럴 때 우리는 이 절
망의 단계를 영성적으로 잘 회복하고 훈련시켜 나가면 반드
시 승리하게 될 것이다.

절망적인 상황에서 우리는 하나님의 뜻이 무엇인가라는 문
제를 놓고 영적 고민을 하는 시기를 갖게 된다.

이 때 우리는 무엇이 잘못 되었는지를 살펴보는 아주 중요
한 시기인데 많은 그리스도인들이 회개의 시기를 통해서 훌
륭하고 아름다운 삶으로 승리하는 것을 볼 수가 있다.

3) 셋째 단계 — 항복 단계

야곱이 깨어지고 이스라엘이 되는 과정을 살펴보자.

첫째, 자아가 깨어지고 새롭게 거듭난다(중생단계).

둘째, 모든 일에 순종하는 자녀가 된다.

셋째, 능동적인 삶에서 수동적인 삶으로 전환된다.

믿음의 조상이라 일컫는 아브라함도 믿음으로 단련하여 이삭을 바치는 완전한 순종에 이른 것은 그냥 생긴 것이 아니다. 오랜 세월 동안 하나님 앞에 대적하던 모든 것들이 항복하여 순종하는 아픔 속에 태어난 것이라 할 수 있다. 이런 영성훈련을 통하여 하나님께 절대적으로 순종하는 자녀로 성장하면 기적같은 은혜의 삶을 체험하게 될 것이다.

4) 넷째 단계 — 부활 단계

야곱이 형 에서를 만나고 고향에 돌아오는 것을 통해 몇 가지 사실을 알 수 있다.

첫째, 내가 깨어진 곳에 하나님이 나타나신다.

둘째, 오직 하나님의 영광을 위한 삶과 진정한 믿음의 기적들이 일어나게 된다.

셋째, 창조적이고 능력있는 일의 성공과 부활을 이루게 된다.

구원의 확신은 그냥 이루어지는 것이 아니다. 부활 역시 그냥 이루어지는 것이 아니다. 구원은 값없이 은혜로 그냥 주어진 것인지는 모르지만 구원받은 자로서의 행위가 요구된다. 부활 역시 철저하게 하나님 앞에 자신을 죽이고 깨어져서 순종하는 자와 거듭나는 자만이 그 영광을 누리게 될 것이다.

하나님은 그 자녀에게 조금이라도 그 인격이 타락한 흔적이 남아 있기를 원치 않으신다. 그 때문에 하나님은 사랑하는 자녀가 고난을 통하여 그 타락의 흔적을 멸하고 오직 새생명의 바탕 위에 서게 한 뒤 축복을 베푸신다.

지난 날 새생명 영성회복 프로그램과 부활 4단계를 통하여 많은 사람들이 삶의 전반과, 생활 전반에서 부활하는 체험을 하게 되었다. 또 교회나 가정에서 새롭게 부흥하는 기적적인 부활을 체험하는 계기가 되었다.

성경에 야곱의 예를 들어서 이해하기 쉽게 부활 4단계로 설명하였지만 모든 신앙생활의 영성회복을 위하여 이 과정을 단계별로 적용한다면 현재 자신의 신앙의 상태 및 점검은 물론이고, 단계별 영성회복을 통하여 죽어 있는 영적 부활과 아울러 영적 성장이 이루어질 것이다. 그리고 신앙생활의 이해력과 깨달음의 영성회복 훈련의 지침서가 될 것이다.

(2) 영성 회복을 통한 부활의 승리

야곱의 귀향계획을 통하여 우리는 영성회복을 위한 희망의 근거를 마련하고 단계적인 신앙성장의 구체적인 방법을 알 수가 있다. 아마도 최종적인 인간 희망의 근거는 삶의 부활일 것이다.

모든 종교는 공통적으로 두 가지의 중요한 사실을 전하고 있다. 첫째는 세상의 도덕성과 윤리적인 규범이요, 둘째는 내세에 대한 신앙일 것이다. 이 두 가지중 기독교 만큼 내세에 대한 구원의 확신을 주는 종교는 없다.

우리 기독교는 부활의 종교이다. 다시 살아난다고 하는 자체가 복음이며, 기쁜 소식이 아닐 수 없다. 그래서 부활은 생명의 승리를 증거하는 것이다.

하나님의 창조계획은 이 세상 사람들을 죽게 하기 위해서 창조하신 것이 아니다. 그러므로 죄많은 인간들이지만 그래도 자기 형상대로 만든 인간들을 구원하시기 위하여 예수 그리스도를 이땅에 보내져서 부활의 승리를 하게 하심으로 우리에게 위대한 승리를 약속하셨다. 우리의 부활은 우리에게 죽음 저편의 삶을 영위토록 은총을 허락하신 것이다.

우리의 모든 불안과 두려움의 근원은 삶의 무의미성, 가치성의 상실에 의한 것이다. 그러나 우리는 그리스도의 부활을 통하여 이것을 극복하고 초월할 수 있는 것이다. 모든 인생의 문제도 동일할 것이다. 곧 예수의 부활은 우리의 삶에 보다 더 풍성하고 값진 의미를 부여하며 생명의 위대한 승리를 증거하는 신앙이라는 사실을 알게 될 때 더욱더 장성한 믿음으로 성장할 수 있다.

또한 부활은 진리의 승리를 증거한다. 주님은 "나는 곧 진리이다"라고 하셨다. 하나님은 진리의 하나님이시다. 천국도 진리의 나라라고 성경은 말한다. 만일 진리되시는 주님이 십자가에서 죽으심으로 끝이 나버리면 이 땅 위에 진리는 존재할 수 없었을 것이다. 그러나 주님은 사흘 만에 부활하셔서 진리가 최후의 승리를 하게 된다는 것을 보여주신 것이다.

진실하게 살려는 사람이 실망하고 낙심하기 쉬운 이 세상이지만, 부활의 주님 진리의 예수 그리스도를 바라보고 사는 사람은 좌절하지 않는다. 온갖 거짓과 비진리가 예수님을 다시 십자가에 매달고 있으나 주님은 비진리와 불의 앞에 죽어버릴 수가 없다. 예수님은 진리의 승리를 우리에게 증거하고 있으시기 때문이다.

또한 부활은 사랑과 의로움의 승리를 증거한다. 하나님은 사랑이시다. 예수님은 이 세상을 죽기까지 사랑하셨다. 우리를 사랑하시되 끝까지 사랑하셨다. 가난한 자, 병든 자, 연약한 자, 실패한 자, 불쌍한 이들을 사랑하시던 예수님은 우리를 끝까지 사랑하셔서 미움과 시기와 증오 가운데서 죽을 것만 같았던 사랑이 다시 사는 놀라운 부활의 진리를 보여주심으로 우리에게는 희망의 근원이 된 것이다.

부활은 사랑과 의로움의 최후 승리를 잘 나타내고 있다. 이러므로 어두움의 절망 속에서도 낙심치 아니하고 확신에 찬 삶을 살아갈 수 있는 것은 부활의 역사가 있기 때문이다. 이런 영적 체험 가운데 부활의 믿음이 정립되어 중심이 되면 모든 죄와 저주와 허물들이 일제히 구속의 역사 가운데 새생명으로 부활하는 기쁨을 누릴 것이다.

강물같이 흐르는 기쁨 성령 강림함이라
정결한 맘 영원하도록 주의 거처 되겠네
주님 주시는 참된 평화가 내 맘 속에 넘치네
주의 말씀에 거센 풍랑도 잠잠하게 되도다 (찬송가 169장)

3. 부활 4단계 영성훈련

(1) 희망단계 ─ 믿음의 훈련
희망사항의 목표가 분명해야 한다.

1) 기도 중 분명한 목표를 정해야 한다.

기도 가운데 목표를 정한다는 것은 나의 수단과 방법론이 아니라 하나님의 인도 아래 목표를 정한다는 것이다. 하나님의 인도하심은 곧 축복이요 은혜의 손길이므로 어떤 목표라도 이루어나갈 수 있는 자신과 힘이 생길 것이다.

"내게 능력 주시는 자 안에서 내가 모든 것을 할 수 있느니라"(빌 3:16).

희망하는 것을 위해서는 분명한 목표가 있어야 한다. 목표가 없으면 육체적, 정신적인 능력과 열심이 개발되지 않을 뿐 아니라 희망하는 목적이 변질될 수 있을 것이다.

그러므로 무엇을 희망하며, 어떻게 이룰 것인가를 매일 매일 마음에 새겨야 한다.

2) 목표가 완성될 기한이 세워져야 할 것이다.

하나님의 뜻과 때가 일치되면 목표가 완성될 기한이 정해지고 어떤 어려움이 따르더라도 기쁨으로 목표를 완성할 수 있는 자신과 용기가 주어진다.

"천하에 범사가 기한이 있고 모든 목적이 이룰 때가 있나니"(전 3:1).

하나님의 때가 이르면 그 기한 내에 축복과 은혜의 문이 열리게 되므로 더욱 더 최선의 노력으로 열매를 맺을 수가 있다. 그러나 그 기한이 지나면 우리가 애쓰고 힘쓴다고 될 일이 아니므로 그 기한을 잘 잡아서 목적하는 바를 이루어나가야 할 것이다.

3) 목표를 달성할 계획을 세워야 한다.

계획을 잘 세워서 일을 진행하여도 현실적으로 그 계획대로 이루어지기가 힘들 때가 많다.

확실한 성취 동기를 가지고, 작은 일부터 성실히 이루어나가는 올바른 마음과 계획만이 목표를 달성시켜 나갈 것이다. 나의 수단과 방법이 아니라 성령님의 지시와 인도 가운데 순종하는 계획이 성공의 지름길이다.

그러므로 기도 가운데 많은 생각과 확실한 믿음의 확신이 생길 때까지 목표를 달성하는 적극적이고 열의적인 계획을 세워야 할 것이다.

4) 모든 일에 믿음과 확신을 가져야 한다.

믿음이란 하나님께 맡기는 작업이다(히 11:1-6). 성경에 "믿음이 없이는 기쁘시게 못하나니 하나님께 나아가는 자는 반드시 그가 계신 것과 또한 그가 자기를 찾는 자들에게 상주시는 이심을 믿어야 할지니라"라고 말씀하셨다. 믿음이 없으면 실패작이라 할 수가 있다.

믿음으로 이루어 나가는 사람은 하나님의 전지전능의 손길을 체험할 수 있을 뿐 아니라 모든 꿈과 희망을 이루어 나갈 수 있는 기본적인 자세가 있는 것이다. 믿음의 법칙을 따를 때 놀라운 하나님의 은혜로 기적을 체험할 수가 있다.

달리기를 잘 하려면 튼튼한 두 다리와 심폐기능이 강해야 하듯이 굳건한 믿음은 하나님의 사랑에 대한 신념과 결단에 대한 신념이 있어야 한다.

하나님의 사랑은 죄의 결과만 따져서 진노하시는 하나님이 아니라 믿는 자녀들에게 사랑으로 상을 주시는 분이심을 믿어야 한다.

모든 세상의 이치는 그 원인의 결과를 따르는 법칙이지만 하나님의 구원의 계획은 이것이 아님을 알아야 한다. 우리들이 죄를 지었음에도 용서하시고, 허물이 있음에도 여전히 우리를 사랑하시는 하나님의 사랑은 너무나 큰 은혜이다. 이런 은혜로 말미암아 우리는 모든 삶을 영위하고 있는 것이다.

하나님의 깊으신 은총으로 살아가는 우리는 어떻게 해야 할까?

첫째, 하나님께 온전히 맡긴 후 평안의 삶을 누려야 한다.

하나님께 온전히 맡기는 것도 믿음이요, 안심하는 것도 믿음 없이는 불가능하다. 믿음이 충만하면 하늘의 평안이 들어온다. 이 믿음이 들어오면 그때부터 성령의 역사가 일어날 뿐 아니라 어떤 환경이나 악조건 속에서도 감사하며, 찬양하는 기적의 믿음이 생기게 되고, 믿는 그 만큼의 은혜가 주어지게 된다. 그러므로 맡기는 영적 작업은 바로 기도이다. 죽고 사는 것도, 흥하고 망하는 것도, 모든 생사화복을 주께 맡길 때 그분의 전능하신 능력의 손길을 체험할 수 있을 것이다.

둘째, 믿음의 꿈을 가지고 바라보아야 한다.

다가올 미래를 현재 마음 속에 소망으로 간직하여야 한다. 없는 것을 있는 것처럼(롬 4:17), 기도하고 구한 것은 받은 것처럼(막 11:24) 믿어야 한다.

성경에는 모든 것을 먼저 믿음으로 이룬 뒤 현실적으로 이루어 주시는 예를 볼 수 있다. 그러므로 소망하는 것이 이루어질 때마다 계속 감사드리면 감사의 씨앗이 심어져서 놀라운 은총 가운데 축복받는 영적 비결이 숨겨져 있음을 알 수가 있다.

셋째, 믿음의 정반대 현상이 일어나더라도 절대로 의심치 말아야 한다.

시험과 연단이 오더라도 믿음으로 이겨야 한다(시 66:10-12, 약 1:2-4). 불안과 낙심이 생길 때 회당장 야이로, 수라보니게 여인처럼 믿음을 가져야 한다.

넷째, 입술로 성공을 시인하는 믿음의 확신을 가져야 한다. 확신이 없고 늘 마음에 의심이 가득찬 상태에서는 믿음이 활동할 수도 없을 뿐 아니라 매사에 자신감이 사라진다. 그러므로 주어진 목표와 시기, 달성할 계획 및 희망사항을 계속 입술로 시인한다. 성공의 확신을 스스로 확인시키는 믿음이 생길 때 창조적인 원동력이 될 수 있다.

"이 산더러 들리어 바다에 던지우라 하며 그 말하는 것이 이룰 줄 믿고 마음에 의심치 아니하면 그대로 되리라"(막 11:23).

성공 그 자체는 그 사람의 생각과 말에서 나오는 믿음의 확신이 뒷받침해 주어야 성공할 수 있을 뿐 아니라, 어떤 환경에서든 모든 것을 초월할 수 있는 자신감이 승리로 이끌어 줄 것이다.

다섯째, 최선을 다하고 최대한으로 전력투구해야 한다(갈 6:7-10).

많은 사람들이 우연을 믿어서 심지 않은 곳에서 거두고 노력하지도 않은 데서 좋은 수확을 기대하는 일이 있다.

농부가 밭을 갈고, 씨를 뿌리고, 거름을 주고, 병충해를 잡아주는 등 최선의 노력을 한 후 그 다음 하늘의 뜻에 맡기고 풍성한 추수를 기대하듯이 모든 삶에 있어서 최선을 다하는 삶은 아름다운 삶이다.

옛말에 "콩 심은 데 콩 나고, 팥 심은 데 팥 난다."는 말처럼 무엇을 심느냐에 따라 무엇을 거두느냐가 결정될 것이다. 사람이 무엇으로 심든지 그대로 거두리라 하였다.

"모든 씨는 그 종류대로 열매를 맺는다."는 말씀이 있다. 죄를 심고 의로운 일을 기대할 수 있는가? 부정적인 것을 심고 긍정적인 것을 거둘 수 있는가? 저주를 심고 축복을 거둘 수 있겠는가? 기쁨을 위해서는 기쁜 일을 심어야 하고 감사를 위해서는 감사를 심어야 한다.

둘째, 성경에 씨뿌리는 비유처럼 옥토에 씨를 뿌리고 최선의 노력을 하여야만 목적하는 바를 이룰 것이다(마 13:1-9).

옥토에 뿌린 씨의 열매는 30배, 60배, 100배의 결실을 맺을 수 있다. 무엇이든지 최대한으로 전력투구하는 마음의 자세

없이는 승리할 수 없을 것이다. 최선을 다하여 살아가는 은혜의 삶만큼 아름다운 삶은 없을 것이다.

자신이 희망하는 삶을 이루기 위해서 전심전력하는 마음으로 나아가면 반드시 목적하는 소망의 풍성한 삶의 열매가 맺힐 것이다.

그러나 인간의 수단과 방법이 아니라 하나님의 축복과 은혜 가운데 목적을 이루어 나가는 삶만이 참된 행복의 삶의 길이 될 것이다.

> 영성훈련 ― 목적과 계획
>   믿음으로 이루는 길
>   은혜로 이루는 최선의 방법

(2) 절망단계 ― 극복훈련
절망은 곧 축복의 길목이다.

어느 무더운 여름날 한 청년이 더위에 지쳐서 숨을 헐떡이다가 문득 눈 앞에 커다란 냉동실을 발견하고 저 냉동실에 들어가면 얼마나 시원할까? 하는 생각에 냉동실에 들어가게 되었다. 그때 '철컥'하고 냉동실 문이 닫혀 버린 것이다. 안에서는 도저히 냉동실 문을 열 수가 없었다.

청년은 문을 두드리고 발악을 해보았으나 아무런 소용이 없었다. 그리고 무서운 절망감에 사로잡혀 유서를 썼다.

"이젠 완전한 절망이다. 죽음의 그림자가 나를 죄어오고 내 몸은 점점 얼음으로 굳어져 가고 있다. 조금 후면 나는 꽁꽁 얼어 죽을 것이다."

사람들은 이틀 후 냉동실에서 숨진 청년의 시체를 발견하게 되었다. 그런데 그 냉동실은 놀랍게도 작동이 되지 않은 상태였고 실내 온도는 사람이 활동하기 가장 적합한 섭씨 15도 였으며 산소량도 충분한 상태였다. 그럼에도 불구하고 청년은 몸은 잔뜩 움츠린 채 싸늘하게 식어 있었다.

사람을 죽음으로 몰고 가는 것은 절망이라는 이름의 독약이다. 절망과 공포는 썩은 새끼줄을 뱀으로 착각하게도 만든다. 개인의 고통과 세상의 고통은 그치지 않고 계속 되지만 고통과 절망 가운데서도 평안의 안식처를 찾는 사람들이 있다.

하반신이 불구이지만 더 강한 삶의 의지와 환한 미소로 살아가는 사람이 있는가 하면 자살을 시도하는 억만장자도 있다. 최고의 배경을 가지고도 삶의 의미를 잃어버리고 술과 마약에 젖어사는 사람도 있다.

왜 한 사람은 극한 절망감의 고통 가운데서도 마음의 평안을 유지하는 반면 다른 사람은 자기 연민의 눈물을 흘리며 절망감에 빠져 타락과 멸망의 늪에서 허우적거려야 하나? 나는 이 문제를 두고 삶의 위기의 낭떠러지에 선 절망적인 문제의 그 해결책을 성경에서 제시하고자 한다.

미국의 어느 작가는 "믿음의 자녀는 많은 염려가 있어도 그것은 슬픔이 되지 않는다. 왜냐하면 모든 무거운 짐을 맡길 곳이 있기 때문이다."라고 했다.

고통과 심한 절망감에 놓여 있을 때 하나님을 원망하고 증오할 수도 있고, 그것을 삶에 당연한 것으로 여기고 받아들일 수 있는 긍정적인 태도를 가질 수도 있다.

삶의 문제는 누구에게나 있기 마련이다. 그 고통을 피할 수는 없지만 잘 대처할 수는 있는 것이다.

절망의 단계는 그리스도인에게는 신앙의 극복훈련이라고 할 수가 있다. 그래서 잘 극복하면 성공적인 삶이 보장되지만 그렇지 못할 경우에는 파멸의 낭떠러지에 떨어지고 만다.

우리에게 절망적인 문제는 모두가 삶의 기대가 무너질 때 생기는 것이므로, 이럴 때 극복할 수 있는 몇 가지 대안을 함께 연구해 보기로 하자.

절망은 삶의 고통과 고난에서 시작되므로 우선 이런 모든 삶의 문제를 다음의 마음 자세로 바라보아야 한다.

1) 정상적인 과정이라고 보아야 할 것이다.

삶의 고통과 고난으로 절망에 처해 보지 않은 사람은 아마 한 사람도 없을 것이다. 이 모든 것을 오히려 삶의 정상적 과정이라고 생각하고 기쁨으로 받아들이는 영적 훈련이 필요하다.

한 재벌 회장의 자서전에 자신은 어려운 문제를 풀어나가는 재미로 성공하였다는 덕담을 살펴보더라도 이처럼 긍정적인 사고와 자세를 갖추면 절망이 희망으로 바뀌어지는 것이다. 어쩌면 삶의 절망적인 많은 문제들이 새로운 삶을 창조하는 도전의 기회가 될 수도 있다.

이런 문제 앞에 좀더 지혜롭게 대처하면 삶의 방향이 수정이 되고, 자아가 깨어지는 기회가 된다. 그리고 인본주의가 신본적인 중심으로 탈바꿈하는 은혜의 문턱이라고 본다.

우리가 감사하는 마음, 기뻐하는 마음, 긍정적인 마음으로 삶의 절망 앞에 서면 우리를 파괴하고, 침체시키는 모든 악한 영의 세력은 무너지고 하나님의 사랑과 은혜의 손길이 우리를 더욱 더 발전적이고 성공적인 삶으로 전환시켜 주실 것이다.

2) 모든 문제를 자기 탓으로 돌리고 절대 원한을 품지 않아야 한다.

사람이 절망감에 휩싸이면 자신의 처지를 주위 환경에 대하여 원한을 품게 되고 그 원인을 타인에게 돌리고 신세타령이나 자기연민에 빠져 결국 우울증이나 심한 스트레스로 정신적인 장애를 일으키는 경우도 종종 볼 수 있다.

마음이 우울하고 영적 침체에 빠지면 하나님과의 교제도 끊기고 영적 단절로 인하여 기도가 되지 않을 뿐 아니라 어둠의 세력이 침범하여 더욱 더 고통에 처하여 절망감에 빠지는 것을 체험할 수 있다.

원한은 쓴 뿌리와 같아서 자신을 먼저 파멸시킨다. 또 책임을 타인에게 전가하는 것은 원한의 시초가 된다. 그러므로 자신의 잘못을 솔직히 시인하고 하나님께 회개할 때 상한 마음이 치료되고 절망의 늪에서 벗어나는 지름길이 될 수가 있다.

상대를 이해하고, 동정하고, 용서하고, 사랑하는 것이 그리스도인의 기본적인 신앙의 자세요 또 축복을 받는 비결이라 할 수 있다.

3) 절망적이라도 소망과 꿈을 버리지 말아야 한다.

소망은 삶의 활력이요 꿈은 인생을 아름답게 만들어준다. 그리스도인들은 모든 삶의 문제와 고통을 예수님께서 대신 짊어지시고 우리의 죄와 허물까지도 사해 주시는 대속의 은총 가운데 있음을 알아야 한다.

그러므로 우리가 할 일은 그분을 의지하여 소망을 가지고 꿈을 버리지 않는 것이다. 그 꿈을 이루어 주시기 위하여 지금 이 시간에도 성령님은 역사하시고 계시기 때문이다.

4) 나를 사랑하시는 하나님에 대한 절대적인 신념만이 절망감을 극복하게 한다.

믿음이란 사랑에 대한 신뢰이다. 아무리 힘들고 고통스러운 절망감에 있다 하더라도 "여호와는 나의 목자시니 내가 부족함이 없으리로다. 그가 나를 푸른 초장에 누이시며 쉴 만한 물가로 인도하시는도다. 내 영혼을 소생시키고 자기 이름을 위하여 의의 길로 인도하시는도다. 내가 사망의 음침한 골짜기로 다닐지라도 해를 두려워하지 않을 것은 주께서 나와 함께 하심이라. 주의 지팡이와 막대기가 나를 안위하시나이다. 주께서 내 원수의 목전에서 내게 상을 베푸시고, 기름으로 내 머리에 바르셨으니 내 잔이 넘치나이다. 나의 평생에 선하심과 인자하심이 정녕 나를 따르리니, 내가 여호와의 집어 영원히 거하리로다"(시 23:1-6).

이 말씀처럼 하나님의 사랑을 가슴 속에 간직하고 그곳에 대한 믿음의 끈질긴 신념을 저버리지 않으면 하나님의 사랑이 놀라운 능력의 기적으로 일어나서 모든 절망의 문제들이 사라지고 승리하는 삶이 주어질 것이다.

위와 같이 절망적인 문제 앞에서 우리는 영성훈련을 통하여 감사하는 마음, 긍정적인 마음, 하나님의 사랑에 대한 절대적인 신념으로 모든 것을 극복할 수 있다.

오늘 당신은 어떤 절망 가운데 있는가? 삶의 문제, 고통, 질병인가? 무엇이든 절망의 단계에서 영성을 회복하면 강인한 인격성장은 물론이고 영적 성장과 아울러 모든 문제 해결과 하나님의 은혜와 축복의 삶이 주어질 것이다.

> 영성훈련 — 십자가의 대속의 은총
> 　　　　　성령님과 교통함
> 　　　　　말씀의 적용함
> 　　　　　기도의 응답

(3) 항복단계 — 순종 훈련
대적할 것인가? / 항복할 것인가?

가슴 가득 간직한 소망의 꿈이 깨어져서 절망의 아픔에 처했더라도 절망단계를 잘 넘기면 오히려 전화위복이 될 수 있음을 영성 극복훈련을 통하여 알 수 있다.

절망단계가 아픔을 극복하는 단계라면 항복단계는 하나님

의 뜻에 순종하여 축복을 받는 단계라 할 수 있다.

인간은 하나님의 창조물로서 그 분의 인격을 닮은 피조물이다. 그러므로 인간은 하나님처럼 자유의지를 가지고 있으므로 모든 결정은 인간 스스로 할 수 있도록 창조되었다.

죽고 사는 것도, 망하고 흥하는 것도, 성하고 쇠하는 것도 모든 것이 자신의 결정에 따라 승패가 이루어진다고 할 수 있다.

불신자는 자신의 자유의지대로 자신을 의지하여 살아가지만 그리스도인은 이런 사실을 깨닫고 창조주이신 하나님의 뜻에 의하여 순종하며 살아가야 한다. 이것이 올바른 신앙생활이라고 할 수 있다.

피조물인 우리가 우리 스스로 창조주의 입장에서 모든 삶을 살아가려고 할 때 이미 불행은 시작이며, 머지않아 자신의 한계상황에 이르고 말 것이다.

그러나 전지전능하시고 무소부재하신 하나님의 뜻에 순종하는 사람은 하나님의 놀라운 은총 가운데 축복의 손길을 체험할 수 있다. 그러므로 하나님이 주신 자유의지이지만 그 자유의지의 결단을 하나님께 맡기고 결정을 한다면 결국 실패는 없을 것이다.

1) 자유의지에 의한 결단력은 자신의 이론을 내세우는 순종이 아니다.

자기 의지를 하나님께 굴복시켜 순종하는 관계가 피조물이 창조주에 대해 취할 행동이라 할 수 있다.

"모든 이론을 파하며 하나님 아는 것을 대적하여 높아진 것을 다 파하고 모든 생각을 사로잡아 그리스도에게 복종하게 하니"(고후 10:5).

창조주와 피조물의 관계는 결국 왈가왈부하는 관계가 아니다. 그러므로 이는 마치 토기장이와 진흙의 관계라 할 수 있다. 토기장이는 자기 마음대로 할 절대적인 권세가 있고 진흙은 오직 순종과 복종의 위치에 있을 뿐이다.

인간의 어떤 이론이나 생각이 하나님의 권세 앞에 있을 수 없다. 하나님의 명령 앞에 이론이나 자신의 생각이 많은 사람은 아직 하나님의 영광을 체험치 못한 사람일 것이다.

에덴 동산에서도 아담과 하와에게 "선악을 아는 실과를 먹지 말라"고 하셨을 때 하나님은 이 명령에 어떤 이유나 해설을 더하지 않으시고 명령으로서 끝내셨다. 그 이유는 하나님은 이유 불문의 권위자이시며 창조주이시기 때문이다. 그러나 스스로 선택할 수 있는 자유의지에 맡긴 것이다. 하나님은 강압에 의한 순종을 바라지 않는다.

강압에 의한 항복은 억지 순종이므로 선택의 자유의지를 주신 하나님의 뜻이 아니라고 본다.

사탄은 이런 점을 이용하여 하와를 찾아와서 하나님의 명령에 대한 해설과 이론을 붙여서 미혹하는 것을 알 수 있다.

사탄은 항상 의지가 약한 우리들의 틈을 찾으므로 항상 깨어 있으며 시험에 들지 않게끔 하나님과 교통할 수 있도록 기도해야 한다(마 26:41).

사탄의 미혹에 넘어간 아담과 하와는 결국 선악과를 따먹고 선악에 대한 인간의 이론을 갖게 되었다. 그리고 결국 하나님께 불순종으로 대적함으로 에덴동산에서 쫓겨나고, 하나님께 버림받고, 저주받은 인간으로 낙인 찍히는 것을 성경을 통하여 알 수 있다(창 3:1-24). 그러므로 우리의 생각에 의한 이론은 하나님께 대한 거역이다(삼상 15장).

매일 매일 시간마다 올바른 결단을 내려 신본적인 중심의 선택만이 하나님의 뜻에 의한 선택의 자유가 아닐까 한다. 아브라함의 순종과 광야에서 빌립의 이론과 안드레의 순종이 그 예이다.

선택의 자유는 우리에게 달려 있다. 그러므로 지혜 있는 결단으로 승리하기 위해서는 말씀과 성령의 인도하심, 기도로써 올바른 판단을 내려야 한다.

2) 순종은 우선적으로 나의 생각을 버려야 할 수 있다.

자유의지를 허락하셨듯이 모든 이론은 자신의 생각에서 나오는 것이다. 하나님은 인간에게 하나님을 닮은 생각의 능력을 주셨으므로 만물의 영장이라 할 수 있다.

그러나 잘못된 생각을 심어주는 마귀는 우리들에게 잘못된 선택을 하게 되고 인간의 생각 속에 심어진 절망적인 부패성과 부정적인 것을 통하여 문제와 고통과 질병을 일으킨다는 사실을 볼 때 우리의 생각에 의한 마음의 중요성을 다시 한 번 더 느끼지 않을 수가 없다(잠 4:23). 생각 자체는 그 사람에 관한 예견의 내용이라 할 수가 있다(엡 3:20).

그러므로 병든 생각을 지닌 사람은 병든 인간일 수밖에 없다. 가난한 생각에 젖어 있으면 가난을 면치 못하는 인간이요, 패배적이면 패배적인 인간, 악한 생각을 지닌 인간이라면 악한 인간이 될 수밖에 없다.

그러므로 자신의 생각과 마음을 다스릴 수 있는 비결은 내가 아니라 하나님의 뜻에 따른 생각으로 순종하는 것이다. 이때 승리하는 삶을 살아갈 수가 있는 것이다.

3) 순종은 곧 의식 변화를 통하여 가능하다

인간의 인격과 행동은 그 사람의 의식에서 나오는 것이다. 한 사람의 죄의식에 사로잡히면 그 인격과 행동에는 불안과 자학 내지 사람을 피하려는 행동이 나오게 된다. 그것이 심해지면 자포자기를 하고 열등의식, 가난의식, 패배의식 등 수많은 부정적인 의식이 부정적인 인격을 만들고 부정적인 행동, 아울러 인생을 실패와 패배와 슬픔으로 만들어 놓는다. 우리의 삶이 진실로 변화되기 위해서는 근원적으로 의식의 변화가 있어야만 한다.

의식의 변화 없이는 하나님의 뜻에 순종하는 자녀가 될 수 없다. 그러면 어떤 의식으로 변화를 받아야 하는가? 천국 의식을 가져야 한다. 이것은 십자가 대속의 은혜로 가능하다. 그리스도 보혈의 능력으로 가능하다.

우리는 그리스도와 함께 못 박혔으므로(갈 2:20), 이제는 산 자로 여겨야 한다(롬 6:11).

우리는 죄에 대하여 죽었다고 여겨야 할 것이다. 미움도 죽었다고 여겨야 할 것이며 공포와 두려움도 절망과 좌절도 모두 죽었다고 여겨야 한다. 또한 욕심도 다 죽이고 버렸다고 여겨야 한다.

"그러므로 이제 내 안에 그리스도께서 사신 것이라"(고후 5:17).

예수님은 나의 지혜가 되시고, 나의 의가 되시며, 나의 거룩이 되신다. 예수님은 나의 구속이 되시며 죄와 무능력과 질병과 저주와 사망과 음부에서 구속시켜 주셨다. 이것이 십자가 대속의 은총이다.

이런 사실을 십자가의 은혜 안에서 깨달아서 의식의 변화를 이룰 때 하나님께 자신의 의지를 항복시키고 절대적인 순종을 할 수가 있는 것이다.

하나님께 항복하여 순종하는 자녀가 되어서 성령님의 인도대로 하나님의 법칙 세 가지를 순종하자. 그러면 축복과 은혜 안에 거하게 될 것이다.

① 믿는 대로 이루어진다(마 8:13).

믿음이란 하나님의 기적적인 역사를 전제 조건으로 한다.

믿음은 바라는 것들의 실상이요 보지 못하는 것들의 증거이다(히 11:1). 믿음으로 구하고 조금도 의심치 않으면 그대로 이루어진다고 했다(약 1:6).

"네 믿음이 크도다 네 소원대로 되리라"(마 15:28).

믿음이 형성되는 순서는 다음과 같다.

의심이 사라지고, 평안과 확신으로 성령충만하며, 내가 애쓰고 힘쓰는 마음이 사라지고, 이미 받은 것으로 깨달아지며 마음이 편안해진다.

② 행한 대로 갚으리라는 하나님의 권면을 상고해야 한다 (롬 2:6).

참고 선을 행하는 자는 영생을 주시고(롬 2:7), 당을 지어 불의를 좇는 자는 노와 분으로 갚으신다고 했다(롬 2:8).

주를 부인하면 주님도 우리를 부인하신다(마 10:33). 예수님은 아버지 영광으로 오실 그때에 행한 대로 갚으신다고 했다(마 16:27).

③ 심는 대로 거두리라(갈 6:7).

우연이란 없다. 심지 않은 곳에서 거두고 노력하지 않은 곳에서 좋은 일이 일어나리라는 생각은 망상이다.

많이 심는 자가 많이 거두고 적게 심는 자는 적게 거둔다 (고후 9:6). 대접을 받고자 하는 대로 대접을 해야 한다(마 7:12). 심는 대로 거두되 각기 종류대로 맺는다(창 1:11).

하나님의 법칙은 인간의 판단과 이해를 넘는 것이다. 자신의 의지를 순복시키고 새로운 의식 변화 가운데 성령의 인도 아래 믿음 가운데 나아가면 범사가 이루어질 것이다. 또한 행한 대로 갚아주시고, 심는 대로 거두는 놀라운 은혜와 축복이 임할 것이다.

(4) 부활단계 — 은혜단계

모든 삶의 부활은 하나님의 축복이다.

1) 내가 깨어진 곳에 역사하시는 하나님

부활이란 죽었다가 다시 살아나는 것을 가리키며, 쇠하였다가 다시 일어나는 것을 뜻한다. 우리 기독교는 부활의 종교이며 기적의 종교라고 할 수 있다.

그리스도의 부활의 결과로 죄와 저주는 물러가고 낙심과 절망에 빠진 인간에게 새 삶의 열매를 맺게 해주시는 주님의 은혜야말로 생명의 원천이다.

부활은 나의 삶과 가정과 직장과 사업체뿐만 아니라 부활의 열매를 맺은 자의 발걸음이 미치는 곳이라면 어디든지 쇠한 기운은 물러가고 성한 기운을 불어 넣어 주시는 성령님의 지도와 인도의 영적 능력을 체험을 할 수 있게 한다.

① 영적 부활의 열매

첫째, 죄사함의 확신이다(롬 3:23).

죄책감, 자책감을 극복함으로써 주님의 대속의 은총에 깊이 들어가게 된다.

둘째, 구원의 확신이다(고전 15:45).

부활하신 그리스도는 지금 우리 속에 계시므로 성령의 강한 인도를 체험할 수 있다.

② 혼적 부활의 열매

혼적 부활의 열매는 믿음, 소망, 사랑의 열매이다.

믿음 안에 힘찬 소망과 사랑의 삶이 있을 때 어떤 역경도 기쁨으로 이겨낼 수 있지만 사랑과 소망이 사라지면 인간의 내적인 삶이 파괴되고 정신적 여유를 잃게 되어서 패배적인 삶을 살아갈 수밖에 없다.

③ 육적 부활의 열매(고전 15:42-44, 롬 8:11)

모든 육의 삶이 재정립될 뿐 아니라 삶의 형통이 이루어진다. 나의 자아가 깨어진 곳에 이런 영과 혼과 육의 부활의 열매가 맺히는 것이다.

2) 오직 하나님의 영광과 믿음의 기적들

부활은 하나님의 영광을 증명하며 하나님의 임재하심을 드러내는 일이라 할 수 있다. 그러므로 하나님의 영광을 위하여 사는 자는 믿음의 기적을 체험할 뿐 아니라 삶의 위대한 부활의 기적을 이루어낼 수가 있다(마 6:31-33).

① 삶의 가장 귀중한 것을 먼저 알아야 한다.

우리는 실존의 가치관을 가져야 한다. 목숨이냐, 음식이냐,

몸이냐, 의복이냐를 따지지 말아야 한다. 물질만능주의 사상에서 가치 기준을 올바르게 세우지 않으면 실패의 연속이 따르게 된다.

② 인간 생명의 귀중성을 알아야 한다.

우리는 하나님의 형상을 닮은 창조물이다. 하나님은 비천한 생명이라도 창조하신 이상 생명보존을 위하여 필요한 물질을 채우신다. 공중의 나는 새와 들의 백합화도 입히시는 주님이시다.

③ 먼저 그 나라와 그의 의를 구해야 한다.

그의 나라는 삶의 목적이며 하늘나라를 이루어 나가는 삶이다. 그의 의는 생활윤리이며, 그리스도를 본받는 삶이며, 계명을 지키는 삶이다.

하나님의 나라가 생의 목표가 될 때 심령 천국을 이룰 수 있다(롬 14:17). 그것은 의와 평강과 희락이다. "하나님 나라는 너희 안에 있느니라"(눅 10:9, 11:20). 주께서 임재하시고 그의 능력이 나타나는 곳이 바로 천국이다.

우리가 그의 나라와 의를 구하면 이 모든 것을 너희에게 더하시리라고 했다. 이 모든 것은 우리의 의식주이다. 하나님은 인간의 의식주 문제를 등한시 하지 않으시는 분이다. 주의 기도에 보면 우리에게 일용할 양식을 주신다고 했다.

더하시리라는 것은 곧 믿음으로 근본적인 문제가 해결되면 그 외의 것은 합산의 법칙으로 자동적으로 이루어짐을 말하는 것이다.

④ 하나님의 영광을 위하여 사는 삶이란 하나님을 기쁘시게 하는 삶이다.

하나님을 사랑하는 사람은 반드시 하나님께 기쁨을 드리기 위한 삶이 될 것이다.

우리 삶의 가장 귀중한 것과 덜 귀중한 것, 먼저 구할 것과 나중 구할 것이 있을 것이다. 이것이 혼돈될 때 축복은 사라지고 은혜는 멀어져 갈 것이다.

목숨과 몸을 구하는 일은 가장 귀중한 일이다. 그러기 위해서는 하나님의 영광을 위한 삶을 먼저 살아갈 때 모든 문제는 자동적으로 해결되고 형통해질 것이다.

⑤ 기독교는 기적의 종교이다.

우리는 동정녀 마리아를 통한 예수님의 탄생을 믿음의 기적으로 믿고 있다. 부활 자체가 믿음의 기적이다. 기적이 일어나지 않는 믿음은 죽은 믿음이라 할 수 있다.

예수를 믿는 하나님의 자녀는 항상 기적이 일어날 것을 믿어야 할 것이다. 하나님을 의지하고 하나님께 영광드리는 자녀에게 주어지는 믿음의 기적은 우선적으로 믿음에서 출발되다는 사실을 알고 있다(히 11:1).

우리는 만물의 근원이 하나님이심을 믿어야 할 것이다. 먼저 믿음의 씨앗을 심을 때 기적이 일어난다(갈 6:7-8). 오병이어의 믿음의 씨앗은 하찮은 것이지만 주님께 맡기고 싶을 때 놀라운 기적이 일어나게 된다.

기적은 기대하는 자의 것이다. 약한 믿음은 기적을 기대치 않는다. 적은 믿음은 기대하나 의심한다. 강한 믿음은 당연한 것으로 기대한다.

믿음의 기적은 권세있는 믿음의 사람으로 만든다. 죄를 제어하는 권세(창 4:7), 귀신을 제어하는 권세(눅 10:17), 질병을 제어하는 권세(행 10:38), 저주를 제어하는 권세(갈 3:13), 사망을 제어하는 권세(고전 15:55-57)를 가지게 된다.

권세 있는 믿음의 소유자가 되기 위해서는 갖추어야 할 자격이 있다. 그것은 중생(요 1:12), 믿음(히 11:6), 순종(히 3:18), 거룩(히 12:4), 담대함(수 1:9)이다. 이것은 하나님께 영광돌리는 사람에게 주어진다.

마귀의 모든 능력을 제어하고 믿음의 기적으로(막 11:24) 능력있는 그리스도인이 되어 축복과 승리하는 삶을 살아야 한다.

3) 창조적이고 능력있는 삶의 성공과 부활은 어디서 오는가?

새로 거듭난 자의 특성은 겸손하고 온유하다는 것이다(벧전 5:5). 이전에는 자신의 수단과 방법에 의존하여 살았지만 현재는 범사에 하나님께 맡기며 주의 뜻에 따라 살아가려는 겸손이 그 사람을 온유하게 인도하시는 성령님의 역사를 체험하게 되는 것이다.

위대한 사도 바울도 이러한 경험을 통하여(빌 3:12-14) 스스로 신앙 고백하기를 "내가 이미 얻었다 함도 아니요 온전히 이루었다 함도 아니라 오직 내가 그리스도 예수께 잡힌 바 된 그것을 잡으려고 좇아가노라"고 말하였다.

① 창조적이고 능력있는 일을 성취하기 위해서는 과거의 부정적 경험은 모두 잊어버리고 새롭게 출발해야 할 것이다(고후 5:17).

과거의 미움, 분노, 실패, 공포, 마음의 상처 등을 잊어야 한다. "오직 한 일 즉 뒤에 있는 것은 잊어 버리고 앞에 있는 것을 잡으려고"(빌 3:13)고 성경은 말씀하신다.

과거의 부정적 경험은 미래지향적이지 못할 뿐 아니라 성공적인 삶의 걸림돌이 될 수밖에 없다.

② 불타는 소원은 성공의 확신을 준다.

의욕이 없는 사람은 성공할 수 없다. 사기를 잃어버린 사람은 곧 주저앉고 만다. 불타는 사랑과 의욕으로 충만할 때 어떤 환난도 이겨나갈 수 있다.

③ 성공의 확신은 성공의식을 충만케 한다.

상을 받게 된다는 확신, 이것이 성공의식이다. 성공의식은 적극적인 사고방식이다. 그러므로 실패와 패배를 인정하지 않는다. 성공의식은 창조적인 생각을 산출한다.

창조적이고 능력있는 일의 성공과 부활은 그 사람의 작품이라 할 수 있다. 여러 가지 환경적 요인으로 절망의 늪에 빠질 수도 있으나 그 최종적인 책임은 각 개인에게 있다.

개인이 어떠한 삶의 자세와 태도로 믿음 가운데 새롭게 부활하느냐에 따라 인생의 성공과 실패를 나눌 수 있다. 또한 부활의 영광을 누릴 것인가 아니면 사망의 음침한 골짜기를 헤맬 것인가가 결정된다.

우리 모두 좀더 적극적이고 긍정적이며 성공적인 삶으로 부활하여 하나님의 은총과 축복 속에 은혜로운 삶의 승리를 이루어야 할 것이다.

```
영성훈련 ― 부활의 조건
          부활한 자의 특성
          부활의 영광
```

4장 · 영성회복의 변화적인 삶

성령은 우리의 가치관을 바꾸어 주시고
우리 안에 있는 신령한 가치를 세워 주신다.
어려운 일을 만나도
그것을 좋게 해결할 수 있는 지혜와 능력을 주시므로
변화된 삶을 살 수 있다.

1. 나를 향하신 하나님의 뜻

하나님은 사랑하는 자녀와 수수께끼 놀이를 하지 않으신다. 반드시 나를 향하신 하나님의 뜻을 알 때 그 분의 뜻 가운데 힘있는 신앙생활을 해나갈 수 있다.

하나님은 자신의 뜻을 알고 행하기를 원하고 계시다. 그러므로 하나님은 자신의 뜻을 나타내시기 위하여 적극적으로 참여하고 계신다.

진심으로 하나님의 뜻을 진지하게 찾는 사람은 누구나 그 뜻을 발견할 수 있을 것이다.

(1) 하나님의 뜻을 알 때 영적 성장이 이루어진다.

하나님의 뜻을 안다는 것은 참으로 어렵고 힘든 영적 작업이다. 성경말씀에는 32,500여 가지의 하나님의 주옥같은 뜻을 보여 주시고 있으므로 우리가 그 뜻을 분별하는 것은 쉬운 일이 아닐 것이다.

우선적으로 믿음의 자녀로서 하나님의 뜻을 알기를 소원할 때 그 뜻을 알 수 있다. 일단 그 뜻을 알게 되면 그것을 어떻게 하던 지켜야겠다는 희생적 결단이 필요하다.

한평생 신앙생활 하면서도 내게 향하신 하나님의 뜻을 모르고 지낼 수도 있다. 그러나 신앙생활을 진지하게 추구하며 좀더 생동감 있고 열의가 있는 신앙을 원하는 믿음의 자녀라면 하나님의 뜻에 대한 고민을 하지 않을 수가 없을 것이다.

하나님의 뜻을 알기 위하여 신앙적으로 많은 노력도 해 보고, 금식 기도도 하고, 성경도 찾아보고, 연구도 해 보았지만 역시 미진한 일면들이 많았음을 느끼지 않을 수 없다.

모든 믿음의 자녀들이 하나님의 뜻에 따라 산다면 그보다 더 좋은 신앙생활이 어디 있겠는가?

그러므로 영적 계발과 영적 성장을 이루기 위해서도 하나님의 뜻을 먼저 아는 것이 중요하다. 이것이 그 분의 뜻가운데 이루어 나가는 참된 영성적 믿음이다.

사도 바울도 에베소서 5장 17절에서 "그러므로 어리석은 자가 되지 말고 오직 주의 뜻이 무엇인가 이해하라"고 말하였다. 우리는 내게 향하신 하나님의 뜻을 잘 파악하여 영성회복의 지름길을 찾아야 한다.

(2) 하나님의 뜻을 알기 위하여 알아야 할 사항들

1) 우리가 주의할 것

하나님의 뜻을 알기 위해서 몇 가지 주의해야 할 것이 있다. 자신의 미래에 대한 단순한 호기심이나 이기적인 목적 아래 알고자 하는 것은 오히려 자신의 영적인 성장을 저해할 수도 있다.

① 단순한 호기심으로 미래를 알고자 하는 것은 우리의 신앙을 오히려 저해시키는 요인이 되며, 왜곡된 방향으로 나아갈 수 있기 때문이다.

내게 향한 하나님의 뜻이 무엇인가에 초점을 맞추기 보다는 자신의 미래에 대한 호기심이 더 앞서다 보면 잘못된 신앙심을 부추기는 경우가 많다. 자신의 미래에 대해 점을 보는 것처럼 엉뚱한 방향으로 흐르기 때문이다.

부흥회나 기도원에서 소위 예언의 은사를 받았다는 사람을 찾아가서 여러 가지 예언기도를 받는 사람이 있는데 이것은 위험하다. 그것으로 인해서 시험에 빠지게 되고 비성경적인 방법으로 하나님의 뜻과는 완전히 다른 방향으로 흘러갈 수가 있기 때문이다.

단편적인 예를 들면 이사가는 사람이 이사하는 시기를 묻는다든지, 장사하는 사람이 장사할 장소를 물색하거나, 돈놀이를 하는 사람이 누구에게 돈을 놓아야 될 것인지, 결혼할 사람이 결혼 날짜를 잡는데 하나님의 뜻이 무엇인지 하는 예언의 기도는 우리의 신앙을 왜곡된 방향으로 몰고가는 하나님이 원치 않으신 예언이라 할 수 있다. 오직 우리의 미래는 하나님의 계획 안에 있으며, 그 분의 뜻 가운데 생사화복이 주어지는 것이다.

한 특정인이나 개인의 사견에서 나오는 말로 자신의 인생의 문제를 결정하는 것은 참으로 우스운 일이 아닐 수 없다.

본인의 목회에서 간증하자면 교회 권사님이 교회에 헌금을 한 뒤 소위 예언을 잘한다는 부흥목사의 집회에 참석하였다가 엉터리 예언에 시험이 든 적이 있었다. 교회발전을 위한 헌금이 하나님의 뜻이 아니라는 예언을 듣고와서는 실제로 헌금한 예물을 되돌려 달라는 웃지 못할 일들이 일어났다.

한 개인의 생각에서 아무렇게나 나오는 얘기를 하나님의 뜻이라고 받아들여 자신의 인생이 좌우로 치우치는 불행한 일을 초래할 것이 아니라, 영적 분별력을 통하여 진정한 주의 뜻인가를 확실히 알기 위해서는 좀더 신중히 받아들이고 기도해 보아야만 한다. 그래야 사탄의 미혹에 넘어가지 않는다.

마음이 연약하여 이런 비성경적인 엉터리 예언에 자신의 모든 것을 미혹당하여 맡길 것이 아니라 모든 흥망성쇠를 하나님께 맡겨야 한다. 기도로써 확고한 신앙의 중심을 가지고 나아간다면 어떤 환경과 악조건 속에서도 요동함이 없을 것이다. 그때 하나님은 자비와 사랑으로 역사하실 것이다.

② 영성을 위한 하나님의 뜻이 아니라 개인의 이기주의적 성향이 짙으면 잘못된 신앙생활이 될 수 있다.

하나님의 뜻은 십자가의 신앙을 기초로 한 믿음이다. 십자가의 신앙은 하나님과 나만의 영적 교통함만이 아니다. 수직적인 교제도 중요하지만 수평적인 교제도 중요함을 성경에서 가르치고 있다.

수평적인 교제는 이웃간의 사랑이다. 그러므로 자신에 향한 하나님의 뜻이 무엇인가라는 이유로 미래를 알고자 하는 호기심의 예언기도란 자신의 안일만 추구하는 것이므로 올바른 영적 성장을 이루어 나갈 수 없는 것이다.

"믿음은 바라는 것들의 실상이요 보지 못하는 것들에 대한 증거"라는 히브리서 11장 1절 말씀처럼 믿음은 볼 수 없는 것이기에 하나님께 맡기고 신뢰하는 것이 참된 신앙의 길이라 할 수 있다.

미리 다 알고 있다면 우리는 기도할 필요도, 또 의지할 필요도 느끼지 못할 뿐 아니라 하나님의 역사하심도 필요하지 않을 것이다.

결과적으로 앞일을 미리 알고 예시하는 것은 오히려 믿음을 악화시키고 믿음의 성장에 영적 걸림돌이 될 것이다.

③ 영적 퇴보는 물론이고 사고의 능력도 잃어버릴 위험성이 도사리고 있다.

하나님이 우리에게 주신 가장 큰 축복은 생각할 능력일 것이다. 우리 인간이 다른 동물과 다르며, 만물을 지키고 다스릴 수 있었던 것은 인간은 생각의 능력이 있었기 때문일 것이다. 생각을 통하여 우리는 인격적으로 성숙할 뿐 아니라 영적 성장도 이루어 나가고 있다.

그러나 우리의 모든 삶의 결정을 타인에게 물어서 정하는 방법으로 신앙생활을 하게 되면 하나님이 내게 주신 자유의지와 생각은 이미 그 주권을 상실하게 되어 인격적인 성숙은 물론이고 영적 성장의 기회마저도 잃어버려 오히려 퇴보하는 위험성이 있다.

하나님의 뜻을 알고 본인의 영적 성장에 도움이 되어야 하는 사실도 중요하지만 개인의 이기적 목적과 호기심만으로 하나님의 뜻을 알려고 하는 것은 보이지 않는 영적 위험성이 있다. 그러므로 성경의 올바른 이해로 하나님의 뜻을 분별하는 것도 중요한 부분이라 하지 않을 수 없다.

2) 두 가지 형태의 뜻

우리는 이 두 가지의 하나님의 뜻을 잘 이해할 때 바르게 구분할 수 있을 것이다.

① 하나님의 주관하시는 결정적인 뜻 — 불레(Boule)

이것은 하나님의 절대적인 뜻, 다시 말하자면 변경이 불가능한 뜻을 말한다. 한번 뜻을 정하시면 아무도 그 뜻을 거스리거나 변경할 수 없다.

예를 들어 예수님의 십자가의 사건이 그 예라 할 수 있다. 인간을 사랑하셔서 전인적인 구원을 위해서 이땅에 오신 성자 예수 그리스도에게 십자가를 지게 하심은 하나님의 절대적인 뜻이므로 변경 불가능한 것이었다.

이 사건을 가지고 사도행전 2장 23절에는 "그가 하나님의 정하신 뜻과 미리 아신 대로 내어준 바 되었거늘 너희가 법 없는 자들의 손을 빌어 못박아 죽였으나"라고 기록되어 있다. 분명히 예수님은 우리의 죄를 위해서 죽으시는 것이 하나님의 뜻이라고 성경에서 밝히고 있다.

또 한 예는 에베소서 1장 11절에 나오는 성도의 구원 역시 하나님의 작정이라고 성경은 기록하고 있다. 이와 같이 한번 정하시면 절대로 변경할 수 없는 하나님의 뜻을 주관적인 뜻이라고 한다.

② 하나님의 객관적인 소망의 뜻 — 딜레마(Thelema)

이것은 변경이 가능하고 하나님의 뜻이 다르게 적용될 수 있도록 허용하시기도 한다는 뜻으로 받아들여도 좋다. 또한 우리의 소원을 전제로 도덕적인 뜻을 반영하는 하나님의 소망하시는 뜻이라 할 수 있다.

예를 들자면 도덕적인 뜻 가운데 "내 뜻은 너희들이 다 거룩하게 사는 것이다"라는 말씀 앞에 우리는 다 거룩하게 살고 있지는 않다. 즉 하나님이 모든 것을 작정하시고 정하셨지만 오늘 당장 이것이다 하고 강압적인 뜻으로 우리에게 억압하지 않으신다는 것이다.

또 하나님의 뜻 가운데 모든 믿음의 자녀들이 다 의롭게 살기를 바라시지만 의롭게 살지 못하는 사람도 있을 수 있다는 것이다.

에덴 동산에서도 선악을 알게 하는 나무의 열매를 절대로 먹어서는 안된다가 아니라 우리에게 자유의지와 선택권을 부여하였다.

이것은 다시 말하여 변경이 가능하다는 것이다. 그 뜻이 변화될 수 있고 자유의지에 따라 순종할 수도 있다는 것이다. 또 자신의 의지대로 변경될 수도 있다는 것이다.

다시 말해서 하나님께서 허용하신 이 뜻을 이루시는 일에 있어서 우리들의 믿음과 협조 없이는 하나님의 뜻은 이루어질 수 없는 것이다.

우리는 하나님의 형상을 닮은 인간이다. 그래서 각자 자신의 삶을 살아가는 자유의지를 주셨고 그 의지대로 하나님의 뜻을 이루어 나가는 것이라고 볼 수 있다.

또 하나는 소원을 전제하여 파생되는 소원적인 뜻을 들 수가 있다. 예를 들어 디모데전서 2장 4절에 보면 "하나님의 뜻은 모든 사람이 구원을 받기를 원하시느니라"고 기록되어 있지만 모든 사람이 구원을 다 받는 것은 아니다. 하나님의 뜻은 모든 사람이 다 구원 받으시길 소원하고 계실 뿐이다. 그러나 믿는 사람들만이 구원에 이르며 하나님 앞에 갈 수 있는 것이다.

이것은 변경이나 변화될 수 있는 사항이 허용되는 것이다. 그러므로 우리도 책임있는 응답이 필요한 것이다. 인간은 자유의지가 있기에 선택권이 주어진 것이다.

그러므로 죽는 것도 사는 것도 흥하는 것도 망하는 것도 본인이 하나님의 뜻에 따라 어떻게 순종하느냐에 따라 달라질 수가 있다는 것이다.

만약에 주권적인 뜻만 있고 허용 가능한 객관적인 뜻이 없다면 이미 하나님이 주권적인 뜻으로 다 작정해 놓으셨으므로 우리의 역사는 있을 수 없을 것이다. 또 하나님의 주권적 뜻 없이 허용 가능한 뜻만 있다면 아마도 이 세상은 혼란과 무질서로 자기 멋대로 살아가는 세상이 되고 말 것이다.

인간의 역사에 대한 하나님의 계획, 한 국가, 한 개인에 대한 어떤 중요한 결정 등은 하나님에게 반드시 필요한 결정일 것이다. 그러므로 하나님의 주권적인 이 결정 안에서 우리가 다시 선택할 수 있는 자유의지를 허용해 주셨다는 것도 알아야 한다.

자유의지를 주었으나 어디까지나 그 자유는 하나님의 뜻이라는 테두리 안에서 허락하셨다는 사실을 알게 되면 주권자는 하나님이시고 우리는 그 분의 뜻에 의하여 살아야 한다는 사실을 분명히 알 수가 있을 것이다.

그러므로 하나님의 뜻에 따른다는 것은 우리에게 주어진 자유의지의 자아를 굴복시켜 그분에게 순종하는 것을 말한다.

이 두 가지 하나님의 뜻을 비교하여 도표로 작성해 보면 알기 쉽게 이해가 될 것이다.

결정적인 뜻(블레)	소망적인 뜻(딜레마)
예정적이다	우리의 협력을 요구한다
포괄적이며 영원하다	제한적이며 일시적이다
실패나 변경이 있을 수 없다	저항받을 수 있다
하나님의 주권을 강조한다.	인간의 책임을 강조한다.
목적:하나님을 영광스럽게	목적:하나님을 영광스럽게

3) 하나님의 뜻을 아는 과정에서 신뢰성과 믿음이 우선적이어야 한다.

불신의 마음이 생기는 두 가지 불안증이 있는데 그 두 가지는 다음과 같다.

첫째는 '과연 하나님이 그 뜻을 나에게도 보여주실까?' 라는 것이요, 둘째는 '하나님이 그 뜻을 보여 주셔도 과연 내가 그 뜻을 알 수 있을까?'이다.

성경을 읽어보면 "주의 뜻을 이해하라", "주의 뜻을 분별하라"는 말이 나와 있다.

이 말씀은 곧 우리에게 하나님의 뜻을 보여 주시기에 나온 것이라고 볼 수 있다. 개인적으로 좋아하는 성경구절 중에 시편 23편 1-2절이 있다. "여호와는 나의 목자시니 내게 부족함이 없으리로다 그가 나를 푸른 초장에 누이시며 쉴 만한 물가로 인도하시는도다."

우리의 삶을 인도하시기를 주장하시는 분은 바로 주님이시라는 사실을 알 수가 있다. 이 사실을 보면 그분의 뜻 앞에 두려워하거나 초조하거나 불안해 할 필요가 없다는 것이다.

그 분의 뜻 앞에 순수한 마음으로 서 있으며, 그 분의 뜻에 따라 순종하기를 원하면 그 분이 나의 주권자가 되신다. 그리고 인도자가 되셔서 성령으로 역사하여 주실 것이다.

그러므로 하나님의 뜻을 알기 위하여 문제가 일어날 때마다 고민하고 불안해 할 필요는 없다고 본다. 이 말의 뜻은 매사에 하나님의 뜻이 무엇일까 하는 영적 문제로 갈등이나 괴로워할 필요는 없다는 것이다.

예를 들어 사사건건 이 직장이 과연 하나님의 뜻에 합당한 직장일까? 또 하나님의 뜻이 아니면 어떻게 하나, 이 일은 과연 하나님이 원하시는 일이신가? 만일 아니라면 훗날 이 일로 잘못되는 것이 아닐까 라는 생각으로 매사에 불안과 두려움을 느끼는 것은 잘못된 것이라고 할 수 있다.

그렇다고 하나님의 뜻을 찾을 필요가 없다는 것은 아니다. 하나님은 스스로 자신의 주권적 섭리를 위하여 우리 가운데 역사하기를 원하시므로 우리는 기도하면 된다. 마음의 평안이 오면 곧 그것을 바탕으로 믿음 가운데 매일 성실한 태도로 날마다 하나님과 동행하는 삶을 살기 위하여 최선을 다해야 하는 것이다.

하나님과 올바른 관계를 맺기 위하여 열심히 기도하고 깨어 있으면, 나를 향하신 하나님의 뜻을 신뢰하고 있다면 하나님은 나의 주권자가 되시며, 또 인도자가 되시며, 나의 삶의 모든 것들을 경영해 주시는 사랑의 하나님, 역사하시는 능력의 하나님이 되시는 것이다.

(3) 하나님의 뜻을 분별할 수 있는 방법들

하나님의 뜻을 구체적으로 분별하기 위한 몇 가지 중요한 방법들을 성경을 통하여 알아보기로 하자.

이 방법들이 하나님의 뜻을 분별하는 데 있어서 중요한 역할을 한다는 것을 고려하고, 너무 일방적으로 편중하는 일이 있어서는 안된다는 사실도 아울러 주의해야 한다.

기도, 성경, 생각, 계시, 느낌, 증거 등 여섯 가지 방법은 오랜 시간 동안 하나님의 뜻을 분별하기 위한 분별의 노력 속에 하나님의 분명한 뜻을 알 수 있을 것이다.

다만 일반적으로 생각나는 대로, 단순하게, 획일적으로 '하나님의 뜻'이라고 쉽게 말하는 소위 예언자의 말에 의하여 낭패를 당하는 일이 없도록 주의해야 한다. 또한 우리 역시 쉽게 환상이나 인간의 생각에 의한 뜻은 분별되어야 할 부분이다.

얼마 전 어떤 예언을 잘하는 집사라는 사람이 목회자를 위하여 자신은 성령께서 계시하는 대로 전하겠다면서 본인을 찾아와서는 전혀 사실무근인 엉뚱한 얘기를 했다. 또 집회에 참석한 사람들에게도 하나님의 뜻을 전달한다면서 상처주는 악언을 함부로 하며 충격을 받은 적이 있다.

이렇게 한 인간의 단순한 생각에서 나오는 말만 가지고 그것이 하나님의 뜻인 양 말하고 받아들인다는 것은 대단히 잘못된 행위이다.

신중히 기도도 하지 않고 막연히 나오는 말에 마음이 움직여지면 신앙의 중심도 흔들리고 악령의 포로가 되어 결국은 시험에 빠지기 쉽다. 그리고 상처받게 되고 잘못된 신앙의 갈등으로 얽매여 마귀의 세력에 붙잡히게 된다.

하나님의 뜻을 그저 알고 싶은 호기심으로 개인적인 목적에 동기를 두게 되면 그것은 대단히 잘못된 것이다. 항상 내게 향하신 하나님의 뜻을 행하여 하늘나라의 확장과 그 의의를 구하는 데 있어 천국백성으로서 하나님을 기쁘게 해드리는 데 목적을 두어야 한다. 그래야 하나님의 뜻을 알기 위한 순수한 동기가 될 수 있다.

그러면 하나님의 뜻을 알기 위한 방법들을 하나 하나 살펴보도록 하자.

1) 기도

기도(Prayer)는 내 뜻을 하나님께 관철시키는 것이 아니라 하나님의 뜻에 맞추어 나가는 것이며, 하나님께 맡기는 작업이다. 그러므로 기도로 통하여 하나님의 뜻을 실천하고, 행하고자 하는 마음으로 먼저 기도해야 한다는 것이다.

그래서 하나님의 뜻을 행하고자 하는 것이 하나님의 뜻을 분별하는 동기가 되어야 한다면 하나님의 뜻에 순종할 수 있는 마음을 먼저 달라고 기도해야 될 것이다.

아브라함이 이삭을 바칠 때 하나님의 뜻이 진정 이삭을 원한 것이 아니라 이삭을 바칠 수 있는 아브라함의 믿음의 행위였다.

이런 하나님의 뜻이 내게 주어졌다면 하나님의 뜻에 순종할 수 있는 믿음이 우선적으로 전제되어야 한다.

우리는 그 이유를 알 수는 없지만 하나님은 때로는 가혹하고, 때로는 내가 견딜 수 없는 절망의 한계점까지 몰고 가신다. 하지만 그런 상황 안에서도 하나님의 뜻에 순종하며 믿음으로 이겨나가야 한다. 때로는 넘어지기도 하고 신앙의 중심이 송두리 채 흔들릴 때도 있다.

그러나 이런 것들이 우리의 중요한 관심사가 되어서는 안된다. 그 분의 뜻을 안다면 우리는 앞으로 어떻게 그분의 뜻을 받들어 살아가느냐가 중요하고, 하나님의 영광스러운 뜻 가운데서 내 삶이 참으로 거룩하게 이루어질 수 있는가 하는 것이 중요한 부분이다.

예수님이 모범적으로 하나님의 뜻을 따라 행하신 것을 우리는 성경을 통하여 잘 알 수 있다.

예수님의 가장 결정적인 기도의 예를 든다면 바로 겟세마네 동산의 기도일 것이다.

"아버지여 할 수 있거든 이 잔을 내게서 옮기시옵소서 그러나 내 뜻대로 마옵시고 아버지의 뜻대로 하옵소서."

하나님의 주권적인 뜻 앞에 주님은 눈물로서 그 뜻을 철회하시길 원하셨던 것이다. 그러나 아버지의 뜻을 기도로서 아시고 그 분 앞에 고백하시는 예수님의 모습은 하나님의 뜻을 알기 위한 우리가 알아야할 교훈이 될 것이다.

내 뜻이 배려되고 내 뜻이 앞선 기도가 아니라 하나님의 뜻이 더 중요한 관심이 되어야 한다.

기도의 진정한 의미는 단순한 내 소원의 성취가 아니라 하나님의 뜻이 이 땅에서 이루어지는 것을 우리는 주기도문을 통해서 알 수 있다.

진정 내게 향하신 하나님의 계획과 뜻을 알고 싶은가? 그렇다면 나를 향하신 하나님의 진정한 뜻을 알기 위한 기도를 시작하여야 할 것이다.

야고보서 1장 5절에 "우리에게 후히 주시고 꾸짖지 아니하시는 하나님께 지혜를 구하라"고 말씀하신다.

종종 우리는 하나님의 진정한 뜻을 떠나서 개인적인 소원 성취만으로 내 뜻에 따른 기도를 하나님의 뜻으로 생각하여 잘못된 결정으로 낭패와 실망을 당하는 경우가 있다.

하나님은 우리에게 거룩한 목적을 가지시고 그것을 그 분의 섭리대로 따라 주시길 원하신다. 기도는 너무나 중요하다. 금식기도를 해본 사람이면 기도의 중요성을 느낄 것이다.

기도의 중요성을 강조하기 위하여 누가복음의 예를 들어보자. "이때에 예수께서 기도하시러 산으로 가사 밤이 맞도록 하나님께 기도하시고 날이 밝으매 그 제자들을 부르사 그 중에서 열둘을 택하여 사도라 칭하셨으니"(눅 6:12-13).

주님도 중요한 결정을 할 때는 반드시 기도를 하신 후에 결정하였다는 사실을 잘 알 수 있다.

우리는 기도를 통하여 그 분의 뜻을 헤아릴 수 있다. 어떤 문제 앞에 그 분의 뜻을 알고 싶다면 기도의 확신이 올 때까지 기도하라. 그러면 기도 가운데 그분의 뜻을 알 수 있을 것이다.

기도만으로는 그분의 뜻을 분별하기에는 난감할 때가 많다. 왜냐하면 과연 나의 기도가 정말 주님과 교통되고 있을까 하는 의구심 때문이다. 그럴 때 성경 말씀을 토대로 다시 한번 더 검토해 보아야 할 것이다.

2) 성경

우리는 성경을 통하여 그 분의 뜻을 점검하므로 좀더 명확히 알 수 있다. 하나님의 말씀은 우리의 생명과 같은 것이라고 할 수 있다. 이 생명과 같은 말씀 속에 하나님의 오묘한 진리가 숨쉬고 있으며, 창조적인 하나님의 계시가 살아 숨쉬고 있다.

그러나 이런 성경 말씀을 주술적이고 왜곡된 방법으로 하나님의 뜻을 알려는 사람들이 우리 주위에 더러 있다.

예를 들어 어떤 사람이 아침에 눈을 뜨자마자 일일 운세를 보듯이 성경을 펼치면서 '오늘 내게 주시는 말씀이 무엇인가? 계시를 주옵소서!'하고 점치듯이 그 말씀이 바로 자기에게 주시는 계시의 말씀이라면서 그 구절을 가지고 그날의 운세를 보고 모든 일정의 향방을 결정짓는 사람들도 있다.

자기만 그렇게 하는 것이 아니라 또 다른 사람에게도 계시를 해 준다면서 이러한 방법으로 성경을 토정비결의 책으로 전락시키는 일들이 종종 있는 것을 본다.

과연 그것이 하나님이 내게 주시는 계시오, 그날의 하나님의 뜻일까? 심지어는 어디갈 때나 주식 투자하는 데도 그런 방법으로 하는 것을 볼 때 참으로 가슴 아픈 일이 아닐 수 없다.

성경에는 하나님의 뜻에 관한 뚜렷한 명령과 소원의 말씀이 많이 나와 있다.

"하나님의 뜻은 이것이니 곧 너희의 거룩함이라", "하나님의 뜻은 이것이니 그 아들 예수 그리스도를 보고 믿는 자마다 영생을 얻는 이것이니라".

하나님의 뜻은 이것이니 하는 구절이 성경에 무려 32,500가지가 나온다. 기도와 함께 성경에서 제시하는 하나님의 뜻을 분별하기 위해서는 성경을 자주 접하고, 성경을 묵상하고, 말씀 안에 거해야 한다. 이 때 하나님의 뜻을 확실히 분별하는 지침서가 될 것이다.

더욱 더 확신을 갖기 위해서는 기도의 응답과 성경의 말씀과 더불어 과연 이 뜻이 나에게 주시는 뜻일까 하고 생각해 보아야 할 것이다.

3) 생각

하나님이 인간에게 준 가장 큰 축복은 생각할 수 있는 능력이다. 하나님은 우리의 생각을 통하여 역사하고 계신다.

성경을 보고 기도만 한다고 되는 것이 아니라 성경을 읽고 기도를 하면서 묵상을 많이 할 때 우리의 생각을 통하여 지시하시는 성령님의 역사를 느낄 수 있다.

하나님은 그 분의 뜻을 헤아릴 수 있는 지혜의 생각을 주셨다. "만물의 마지막이 가까웠으니 그러므로 너희는 정신을 차리고 근신하여 기도하라"(벧전 4:7)고 말씀하셨다.

소위 예언을 한다는 사람이 절제하지 못하고 입에서 나오는 대로 말하는 것을 가지고 정말 나에 대한 주님 뜻이라고 믿을 수 있겠는가? 영적 분별력을 잃으면 그때는 틈을 보여 마귀의 밥이 되어 버리는 것이다. 어떤 일이든지 말씀 중심으로, 성령의 인도함 가운데 기도해야 한다.

보편적으로 통성기도를 할 때 아무 생각없이 의례적으로 습관화된 중얼거림으로 중언부언 하는 기도를 많이 보았다. 그래서 무엇을 기도했느냐고 물으면 무슨 기도를 했는지 자신도 몰라서 당황하는 사람들도 있다.

기도는 정신을 차리고 생각을 하면서 해야 한다. 올바른 생각은 하나님과의 올바른 관계를 유지시켜 준다. 우리 모두는 그분의 인도 아래에 있다. 하나님과의 올바른 관계와 그 분의 인도하심에 순종하는 믿음은 어떤 문제를 두고 결정할 때 그것은 일반적으로 하나님의 뜻에 맞는 것이다.

우리에게 자유의지와 생각의 자유를 주신 분은 하나님이시다. 그러므로 하나님과 올바른 관계 속에 생각하고 결정하는 것은 하나님의 뜻에도 부합되는 것이라는 사실을 믿고 신뢰할 때 우리의 생각을 통해서 역사하시는 하나님이시다. 그러기 위해서는 영육간은 물론이고 건강한 정신, 건강한 생각을 가지고 있어야 한다. 통하여 하나님의 뜻을 분별할 수 있도록 성령이 인도해주시고 주관해 주실 것이다.

4) 계시

하나님은 초자연적 계시(Revelation)를 통하여 인도하시고 또 역사하신 사실이 성경에 기록되어 있다. 그래서 우리는 계시된 믿음 안에 산다는 말씀이 있는 것이다.

하나님의 계시와 인도의 방법은 두 가지가 있다. 좀더 자세히 살펴보면 직접적인 인도 방법과 간접적인 인도방법이 있다.

직접적 인도 방법은 꿈과 환상과 환청 및 천사를 통하여 인도하시는 방법으로 성경에서 소개되고 있다. 이것은 초자연적인 계시라고 할 수 있다. 그리고 간접적인 방법은 내가 아닌 타인의 예언에 의한 것이라 할 수 있다.

실제로 나는 치유 목회를 하면서 이런 방법의 인도하심에 성령님의 많은 도움을 받을 수가 있었다.

우리가 잘 모르는 병일지라도 성령님은 분명하게 아픈 곳과 병명을 지혜롭게 가르쳐 주시고 또 어떻게 치유기도를 해 줄 것인가에 관하여 가르쳐 주셨다. 그래서 성령님의 인도로 많은 병자들을 고치고 그들을 하나님 앞으로 전도하는 데 큰 도움이 되었다는 것을 밝힌다.

능력있는 사역을 위한 목회자나, 사명자들이 성령님의 초자연적인 계시와 인도함을 간절히 구하면 분명히 역사하시리라 확신한다.

그러나 초자연적인 계시는 스스로 잘 분별하지 않으면 잘못된 방향으로 변질될 수 있으므로 주의깊게 분별하여 하나님의 선하신 뜻에 어긋나지 않아야 할 것이다. 오직 하나님의 영광을 위하여 쓰임 받도록 기도해야 한다.

5) 느낌

이 영적 느낌(Feeling)을 잘 활용하면 하나님의 지시에 관한 인도함을 잘 느낄 수가 있다. 그러나 신중하지 못하거나 자기의 생각이 작용한 느낌들은 잘못하면 오히려 하나님의 뜻을 잘못 판단하게 되는 사항이 될 수도 있다.

하나님은 우리의 생각과 느낌을 통하여 인도하시지만 너무 느낌에만 치중하는 일은 없어야 한다.

하나님의 뜻을 알기 위한 방편으로 중요한 근거가 될 수는 있지만 너무 느낌 자체에만 비중을 두고 중요시하는 경향은 없어야 한다. 때로는 잘못된 영적 느낌으로 실수하여 하나님의 자녀들에게 마음의 상처를 주기도 하고 오판으로 인한 시행착오도 따르기 때문이다. 이 느낌에 대하여 반드시 기도해서 받은 느낌이 사실인가에 대한 영적 분별력을 갖추어야만 한다.

6) 증거

하나님의 뜻을 알기 위해서는 하나님의 역사하심의 증거(Testimony)를 체험하는 것도 큰 도움이 될 것이다.

실제로 안수치료를 받던 암환자가 불신자였는데 어느 날 꿈에서 하나님께서 신학을 하여 너의 사명감을 감당하라는 계시를 받았다. 그런데 오랫 동안 목사님에게 치유기도를 받으니 그런 꿈을 꾸었을 것이라는 생각으로 무심코 지나쳤는데 날이 갈수록 그 꿈의 계시가 자기 머리에서 떠나지 않았다. 한번은 혼자 조용히 기도를 드리면서 하나님 뜻이라면 순종할 것을 아뢰면서 이 계시가 정말인지 저에게 증거를 보여 달라고 했다고 한다.

　기도를 마친 뒤 잠을 잤는데 꿈에 "네가 나에게 순종하겠다고 하니 너의 병은 이제 다 떠나갈 것이다. 그러나 조건이 있다. 내가 너를 쓰고자 하니 나의 뜻을 받들어 당장 내일부터 실천하여 나의 지시에 따르라"는 음성을 들었다고 한다. 그 다음날 아침에 속이 미식거리면서 한 웅큼의 울혈을 토하고 나서는 깨끗한 몸으로 완전히 치유를 받고 하나님께 드린 약속을 지켜야 한다면서 신학교에 등록하여 목회의 길을 걷게 된 것을 보았다. 이것이 곧 하나님의 놀라운 역사의 증거라고 할 수 있다.

　요한복음 20장에도 도마가 주님께 증거를 보여달라고 한다. 그때 주님이 나타나셔서 "그렇다면 내 옆구리에 손을 넣어보라"는 말씀과 아울러 "의심하는 자가 되지 말고 믿는 자가 되라"고 말씀하셨다. 주님도 사랑하는 제자에게 좀 더 성숙한 신앙인이 되라는 교훈을 하셨다.

　하나님의 강한 역사가 때로는 부정할 수 없는 임재하심의 증거로 나타나기 때문에 우리는 이러한 증거 앞에 하나님의 뜻을 강력하게 분별할 수 있어야 한다.

지금도 믿음의 증거로 기적의 역사가 우리 주위에 많이 일어나고 있다. 증거가 일어날 때마다 그 증거 속에는 하나님의 뜻이 내포되어 있다는 사실을 잘 알고 있으면 그것을 통하여 하나님의 뜻하심을 체험하고 영성적으로 깊은 곳까지 내려가는 신앙의 강한 힘이 되도록 해야 한다.

(4) 하나님의 뜻을 분별하는 결정단계

하나님의 뜻을 분별하는 결정 단계를 살펴보자. 그러나 오랜 세월 동안 하나님의 뜻이 엄하고 지키기가 고통스럽다는 사람들의 부정적 생각부터 수정할 필요가 있다.

하나님의 뜻대로 살기 위해서 인생의 모든 즐거움은 다 사라지고 몸은 병들게 하시고, 생활은 너무 궁핍하게 하시며, 시련과 환난 중에 살도록 하시는 하나님이 아니시다. 하나님의 뜻은 모든 것에 선을 위하여 합력시키시는 좋으신 하나님, 사랑의 하나님, 우리들에게 구원과 영생을 주시기 위하여 역사하시는 하나님이시라는 사실을 염두에 두어야 한다.

따라서 뜻을 분별할 때 올바른 하나님의 뜻을 받들어 순종하는 자녀가 되어야 하며 축복과 은혜로운 삶이 되어야 할 것이다. 하나님의 기쁘신 뜻은 결국 무엇일까?

1) 우리 마음의 소원의 근거로 그 뜻이 나타난다고 할 수가 있다.

우리 안에서 행하시는 이는 하나님이시라고 했다. 우리들의 마음이 하나님의 성소라는 것과 하나님의 기쁘신 뜻은 우리의 소원을 근거로 나타난다는 것을 먼저 알아야 한다.

나의 소원과 더불어 이루어질 하나님의 뜻이라면 시간이 지날수록 더욱 더 강렬해지며, 하나님의 말씀에 일치하는 것을 영적으로 느낄 수 있다.

2) 계시한 것은 실천할 용기와 자신감을 주신다.

하나님께서 계시하신 것은 행하시며 모든 여건과 환경의 변화가 행할 수 있는 조건으로 만들어 주신다.

하나님은 여호수아에게 어떤 능력도 증거도 주시지 않으셨지만 행할 수 있는 용기와 자신감을 주시고 담대함을 주셨다.

"내가 네게 명한 것이 아니냐 마음을 강하게 하고 담대히 하라 두려워 말며 놀라지 말라 네가 어디로 가든지 네 하나님 여호와가 너와 함께 하느니라 하시니라"(수 1:9).

이와 같이 하나님은 계시된 것을 실천할 수 있는 용기와 자신을 주시는데, 우리는 성경에서 또 하나의 일례를 찾아볼 수 있다.

바로 다윗의 용기이다. 사무엘상 17장 45-47절 말씀에 하나님은 다윗에게 용맹성과 자신감을 주셔서 적을 무찔러 하나님의 임재하심을 증거해 보이셨다. 이것이 다윗에게 준 하나님의 뜻이며 계시의 방법이었다.

3) 하나님의 뜻이라면 희생적 순종의 기쁨이 생긴다.

하나님은 요동치는 어떤 환경일지라도 뜻을 받은 자녀에게 곧 시련과 고통 안에서도 희생적인 순종을 원하신다. 진정한 뜻이라면 그러한 상황 가운데서도 너무나 기쁘다는 것이다.

모든 것을 다 버리고 생명을 다 바쳐서 하나님의 뜻이라면 나의·전부를 희생시켜서라도 순종하겠다는 그 결단의 기쁨은 스스로 체험해 보지 못한 사람은 알 수가 없을 것이다.

마치 산모가 소원해서 잉태한 자녀처럼, 해산의 어떠한 고통이 따르더라도 큰 기쁨으로 아기를 낳는 것처럼 하나님의 뜻을 잉태하여 그 열매를 거두는 것은 어떠한 고통도 감수할 수 있다. 뿐만 아니라 오히려 큰 기쁨으로 그 뜻에 임할 수 있는 것이다.

4) 하나님의 뜻을 잘 분별하면, 뜻을 이룰 수 있는 하늘의 문이 열린다.

하나님이 우리에게 그 뜻을 알려주실 때는 사랑하는 자녀에게 주시는 것이다. 그 뜻을 억지로 또 강제로 주시는 것이 아니라 내게 향한 뜻이 있어야 하늘의 문이 열린다는 것이다.

"너는 내게 부르짖어라 내가 네게 응답하겠고 네가 알지 못하는 크고 비밀한 일을 네게 보이리라"(렘 33:3).

우리 자신에게 하나님의 뜻이 분명해지면 그것을 분별할 수 있는 마음을 주시고, 그것이 이뤄질 때가 다가오면 위와 같은 네 가지 사항에 맞추어서 뜻을 분별할 수 있다. 이를 참조하여서 내게 향하신 하나님의 뜻이 무엇인가를 알아야 한다. 진정한 하나님의 뜻을 알게 되면 믿음의 확신이 들어와서 하나님의 크신 섭리와 역사가 나타날 것이다.

"내게 능력 주시는 자 안에서 내가 모든 것을 할 수 있느니라"(빌 4:13).

"그러므로 내가 너희에게 말하노니 기도하고 구하는 것은 받을 줄로 믿으라 그리하면 너희에게 그대로 되리라"(막 11:24).

믿음의 확신은 하나님의 크신 은총의 역사하심을 체험할 수 있다. 하나님의 뜻을 알고 그것을 결정할 때는 반드시 성령님의 도움이 필요하므로 성령님께 기도하고 그분의 도움을 받아야 할 것이다.

하나님의 뜻을 영성적으로 잘 분별하여야 하나님께 영광돌리며 능력있는 하나님의 자녀가 될 수 있다. 그러므로 하나님의 뜻을 분별할 때 한 가지 주의사항이 요망된다.

단순한 호기심이나 미래에 관한 점술 방편으로 접근하는 것을 성경에서는 금하고 있다는 사실이다(신 13:1, 18:9 참조 바람). 왜 그럴까?

첫째, 미래의 일을 알게 됨으로 오히려 해가 되는 경우가 있을 수 있다.

둘째, 하나님을 향한 믿음이 약화되는 결과를 초래하게 된다.

셋째, 자유로운 판단의 혼란으로 인격적 성숙의 상실이 있다.

위 세 가지 사항을 고려해야 참된 하나님의 뜻을 접근하는 동기가 된다. 선한 목적을 위하여 선한 동기가 필요하듯이 하나님의 뜻에 접근하는 동기도 순수해야 할 것이다.

주의 뜻을 분별하려는 동기는 우선 그 분의 뜻대로 행하고 자 하는 동기에서 시작되어야 한다. 하나님의 뜻에 대한 혼돈 은 무지보다는 그 뜻을 행하기를 원치 않는 자신에 대한 끈질 긴 집착 때문에 생기는 것이다(약 4:15-16, 요 7:17, 요 4:34).

모든 기도의 응답이나 하나님의 뜻에 대한 결정이 확실해 지면 마음에 확신과 기쁨이 들어오면서 평안이 주어진다.

어떤 상황에서도 환경과 조건을 초월하여 그 분의 계획과 뜻 가운데 모든 것이 이루어져 가는 것을 알 수 있다.

이것을 깨달으면 우리가 애쓰고 힘써서 될 일이 아니라는 사실도 알게 될 것이다. 그러므로 온전히 맡기며 그 분의 뜻 가운데 모든 것을 이루어 나가는 영적 성장과 아울러 성령님 의 인도 아래 영광의 자녀로서, 확신하는 믿음 안에서 승리하 는 삶을 살아갈 수 있을 것이다.

2. 영성회복으로 이루어지는 내적 치유

(1) 영성회복 없이 내적 치유는 불가능하다

내적 치유란 일반적이고 정신적인 치유가 아니라 그보다 더 깊은 영적 자아의 치유를 의미한다.

다시 말해 잠재의식과 무의식의 치유이며, 인간의 신체, 심 리적인 질병과 자신이 알게 모르게 상처받은 상한 심령 및 인간의 죄와 영적인 문제를 하나님의 능력으로 치유받는 것이다.

이런 내적 치유 없이는 영성적으로 들어갈 수 없을 뿐 아니라 하나님과의 바른 관계를 형성하지 못하므로 영성회복이 불가능하다.

내적 치유를 받기 위해서는 우선적으로 건강한 자아상을 확립해야 한다. 건강한 자아상은 바로 하나님과의 바른 관계를 유지하고 있어야 하는 것이다. 즉 영성적으로 하나님과의 관계를 올바르게 회복함으로써 우리 내면의 모든 상처가 치유될 수 있다.

우리 자신의 정신적 사진을 자아상(Self-image)이라 부른다. 건강한 자아는 완전히 통합적이고 균형을 이룬 자아로 하나님과의 관계가 올바르며 자신과 이웃을 사랑하는 사람의 자아일 것이다.

우리는 타락 이전 아담과 하와가 아직 본래의 모습대로 순결한 상태에 있었을 때에 매우 긍정적인 자아상을 가졌으리라 본다.

그들은 하나님께 죄를 짓지 않았으므로 죄에 대해 전혀 알지 못하였고, 또한 서로에 대해서도 죄를 짓지 않은 연고로 죄의식을 느낄 필요성도 없었다.

"아담과 그 아내 두 사람이 벌거벗었으나 부끄러워 아니하리라"(창 2:25).

그러나 병든 자아상이 하나님의 명령을 어기고 타락하자 인간은 신체적, 정서적, 관계적 완전을 상실하고, 통합적이고 균형을 이룬 자아에도 이중적 변질이 발생하며 모든 질병과 죄의 근원이 되었다.

이런 자아상의 변질을 새롭게 변화시키고 하나님이 뜻하시는 건전한 자아상으로 회복하는 것이 내적 치유라 할 수 있다.

먼저 하나님이 원하시는 건강한 인간성으로 회복이 되었을 때 그 심령 가운데 있는 죄악이 해결되며, 그로 인한 심적 밝음과 소망이 상한 마음을 치료해 줄 것이다.

영성이 회복되지 않으면 내적 치유가 불가능한 것은 상처로 인하여 자유롭게 살지 못하고 삶의 무거운 짐을 지고 살아가게 된다. 그러므로 삶의 불안과 두려움으로 인한 근심이 하나님과의 올바른 관계를 유지할 수 없게 한다.

내적 치유는 상한 심령을 치유하여서 성령을 모셔들이고 그분의 주관 아래 바른 신앙생활로 성령의 열매를 삶 속에 맺게 하는 것이다(갈 5:16-26).

건전한 영적 자아상을 구축하여 하나님과 바른 관계르 인한 영성회복은 내적 장애를 제거한다. 그래서 긍정적이그 적극적이며, 창조적인 삶을 이루어나가는 축복을 받을 것이다.

1) 내적 장애의 근본적인 원인

① 가계에 흐르는 혈통의 죄

아브라함의 가계에 거짓의 영이 흘러내려왔다.

· 자기의 아내를 누이라고 두 번이나 거짓말한 아브라함
 (창 12:10-20, 21:1-19)

· 똑같은 거짓말을 한 이삭(창 26:6-11)

· 아버지 이삭과 삼촌 라반을 속인 야곱(창 27-31장)
· 며느리 다말을 속인 시아버지 유다(창 20:1-19)
  다윗의 가계에 살인과 음란의 영이 흘러 내려왔다.
· 다윗이 부하의 아내 밧세바와의 음행 때문에 충복 우리
  아를 살해한 죄(삼하 11:7-12)
· 다윗의 아들 암논이 이복동생 다말을 범한 간음죄(삼하
  12:2-14)
· 압살롬이 그의 아버지 다윗의 권위를 침범하였고 아버지
  의 첩들을 범한 간음죄(삼하 16:22)
· 다윗의 아들 솔로몬(밧세바 혈통)은 왕이 되었으나 이방
  여인들과 음행한 죄(왕상 11:1-9))

② 우상숭배의 죄

우상숭배는 3-4대까지 그 저주가 임한다. 우리 조상은 이
스라엘 백성들과 같이 참 하나님만 섬기는 대신에 거짓 신들
을 섬김으로 십계명의 첫 번째 계명을 어기고 하나님을 대신
한 어떤 현상을 만들고 그것을 숭배함으로써 십계명의 두 번
째 계명도 범하게 되었다(출 20:1-6:, 32:1-4).

이 두 가지 종류의 죄는 다른 죄에 비해서 큰 죄가 된다.
왜냐하면 이 두 가지의 죄는 곧 하나님을 미워하는 죄가 되
기 때문이다. 우상숭배 및 사술에 참여한 사람들, 무당이나
점술인 등은 결국 사탄이 친 그물에 걸리게 되어 그 후손이
징계를 받게 된다.

"그 우상들을 섬기므로 그것이 저희에게 올무가 되었도다"

(시 106:36, 출 23:33, 신 7:16, 25:, 삿 2:3, 8:27, 고전 10:20 참조).

"나를 미워하는 자의 죄를 갚되 아비로부터 아들에게로 삼 사대까지 이르게 하거니와"(출 20:5).

③ 불신앙과 불순종의 죄

하나님은 창조주이시고 우리는 그의 피조물이다. 이런 우리가 창조주이신 하나님을 모르는 죄와 그의 피조물로서 창조주 하나님께 불순종하는 것은 있을 수 없는 일인 것이다.

신앙이 깊으면 깊을수록 오직 순종과 복종만이 인간이 취해야할 진정한 태도이다.

불순종으로 인해 아담과 하와의 두려움이 생겼다. 또한 수치심, 자기 도파, 고통 등이 생겼다(창 3:10).

그러나 예수님은 순종하셨다(빌 2:5-11).

2) 치유방법

① 구주 영접

구세주를 입으로 시인하는 믿음이 있어야 한다. 그리고 주께서 내가 받을 형벌을 위해 대속의 은총을 베푸셨다는 사실을 받아들여야 한다(요 1:12).

② 회개

하나님은 지나간 것은 다 제하시고(고후 5:17) 병든 영혼을 청산하는 회개를 요구하신다(요일 1:9).

③ 의를 행함

"행함이 없는 믿음은 그 자체가 죽은 것이라"(히 2:17).

사죄, 배상, 삶의 변화 등 모든 삶의 전반에 그리스도화 하는 영성적인 삶으로 개선하여 의를 추구할 때 치유된다.

④ 예수의 이름으로 예수의 권세로 가계에 흐르는 혈통의 저주(악의 세력)을 물리친다.

우상숭배, 정신질환, 중독증세 등을 고칠 수 있다.

⑤ 말씀과 기도와 성령의 도우심에 의지하여 마귀와 대적하여야 한다.

3) 내적 장애로 인한 상처의 영향

① 영적인 영향

신앙의 의미를 잃어버리고 신앙적인 회의감을 느끼며, 신적 존재를 의심하고 불신하게 되어 신앙의 기복이 심하다. 영적 침체로 인한 기도줄이 끊어지고 믿음이 저하된다. 감정과 현실에 의하여 신앙이 좌우된다. 말씀에 대한 불신 및 죄에 대한 무감각, 신앙적 거부감, 저항감, 불순종 등으로 신앙의 무력감이 있다.

② 자신과의 관계(심리적, 신체기관의 결함)

자기 비하, 무가치, 거부증세, 증오, 저주, 혐오, 미움, 불안, 두려움, 절망감과 좌절감, 열등감, 우울감, 자기애착, 이기주의, 독선, 배타심, 의존감 등이 있다.

③ 타인과의 관계(사회적)

일반적으로 성공의 상징인 지식, 교육, 재력, 권력, 명예를
얻지 못했거나, 얻었지만 실패한 경우에 원인이 된다.

그로 인해 반사회적, 적대감, 시기, 질투, 분쟁, 피해의식,
의심과 불쾌감이 조성된다. 그리고 쉽게 상처를 받고 상처를
주며 열등의식, 자격지심, 자학 등이 나타난다.

사람이 일반적으로 상처를 받게 되면 고통을 느끼게 된다.
그리고 외적인 요소에 신경을 쓰고 관심을 두지만 자신의 감
정, 성격, 인격, 인간관계에 미치는 영향은 잘 모르고 있음을
내적 치유 상담을 통해 알 수 있다.

왜냐하면 그 상처를 어떻게 치유해야 하는지 방법과 길을
몰라서 심적인 고통 속에 오랫동안 방치하여 두다가 급기야
정신적으로 질환을 겪는 사례를 많이 체험했기 때문이다.

내적 치유의 중요성을 깊이 공감하고 의식의 밑바닥에 저
장되어 있는 상처받은 기억과 심령의 상처를 하루 속히 제거
하고 치유받아 건강하고 행복한 삶을 살아야 한다.

4) 내적 장애로 인하여 생기는 정서적인 질병들

① 열등감

열등감의 극복을 위해서는 필요없는 자존심을 버려야 한다.
십자가에서 자신을 부인하고 자만심이 아닌 자부심을 가져야
한다. 하나님이 주신 가치관을 회복하는 것이 급선무다.

② 질투

겸손하게 대처하고 남과 비교하지 말아야 한다. 만족하며
사는 자에게는 질투가 사라진다.

③ 의심

의심이 생기면 의도적인 거부감, 무지함, 자신의 지성을 중
시하는 경향이 나타난다.

불신감, 불순종 하는 마음을 버려야 한다.

의심은 사탄이 시험할 때(창 3:4-5), 믿음이 없거나 적을 때
(눅 1:18-20, 마 14:31), 영적으로 흔들릴 때 생긴다(약 1:6-7).

④ 죄책감

예수 그리스도의 대속의 은총과 보혈의 능력에 의존하여
회개하라. 그러면 죄책감에서 자유할 수 있다.

⑤ 분노

분노를 좋은 쪽으로 표출해야 한다. 억누를 수 있으면 하되
분노를 하나님께 고백한다.

⑥ 적대감

무엇인가 빼앗기고, 잃어버렸을 때, 열등의식을 느낄 때, 또
는 어떤 방식으로 방해를 받게 될 때 적대의식이 뿌리를 내
리게 된다(히 12:15).

"분을 내어도 죄를 짓지 말며 해가 지도록 분을 품지 말

고"(엡 4:26).

하룻밤 이상 지속되는 분노는 적개심이 된다.

⑦ 감정 표현

감정 표현은 솔직하게 하라. 그러나 상대의 인격을 무시하거나 손상시키지 않는 범위에서 사리에 맞고 온전한 표현을 해야 하겠다.

억압된 감정은 자신의 감정을 감추므로 마귀의 희생물이 될 수 있다. 대인 관계가 원활하지 않으면 인간 관계가 파괴될 위험성이 크다.

⑧ 자기 표현

자기 표현을 적절히 하는 사람은 모든 삶에 자신감이 있는 사람일 것이다. 자신의 생각을 명확히 전달할 줄 알아야 한다. 의사 표현을 두려워하지 말고 설명을 할 줄 알아야 한다. 늘 감정 표현을 적절하게 할 수 있어야 한다.

5) 타락한 자아로 인한 영적 장애

① 불안 신경증

위험이 다가오고 있다고 느끼게 하는 염려와 긴장과 답답함의 감정으로 노이로제라고도 한다. 불안은 마음의 내부에 그 근원이 있으므로 공포보다 더 추방하기가 어렵다.

② 정신분열증

뇌의 기질적 이상이 발견되지 않는 상태에서 사고, 감정, 지각, 행동 등 인격의 여러 측면이, 특히 사고의 기능이 무너지는 현상이다. 영적으로는 귀신들림의 현상도 있다.

③ 망상

잘못된 사고 내용이나 있을 수 없는 생각과 혹은 판단이다. 단순한 편견이나 오해와는 달리 강력한 확신을 갖고 있어서 그것이 있을 수 없는 내용이라고 지적하고 설득해도 고치기가 불가능한 사고력이다.

④ 우울증

슬픔, 실의, 침울, 무가치하다고 생각하며 죄의식을 가지고 걱정을 하는 증세이다. 외로움이나 허무감을 자주 느끼며, 조그마한 일을 당해도 울기를 잘한다. 우울증을 유발시키는 감정의 원인 가운데는 결단력의 결핍, 분노, 부당하다는 생각 등으로 심적 고통을 잘 삭이지 못할 때 오는 증세라고 할 수 있다.

⑤ 인격장애

인격장애란 일반적으로 기능 역할을 잘못하는 인격으로서 병든 인격을 말한다. 정신적인 장애와는 다르다.

⑥ 귀신의 포로된 자

사탄은 항상 우는 사자와 같이 두루 삼킬 자를 찾아 헤맨다고 성경에서 밝히고 있다. 이처럼 하나님께 대항하기 위해 사탄은 영적으로 병든 자를 찾아서 우리의 영혼을 도적질하고자 한다. 귀신의 포로된 자가 되면 악한 생각을 갖게 하고 악한 일을 실행케 하여 그 죄로 인한 비정상적인 삶이 형성된다. 또 그로 인한 여러 가지 정신적, 육신적인 질병으로 고통을 당하게 된다.

악한 영이 침투하여 일으키는 영적 장애로 오는 마음의 병들이 수없이 많으나 간략하게 소개하면 울분의 영, 우울증의 영, 불안의 영, 죄책감의 영, 음란의 영, 신경질의 영, 중독의 영, 사교의 영 등이 있다. 그외에도 많으나 사탄은 악한 영으로 우리에게 침투하여 포로로 만든다. 하나님을 대적케 하는 사탄의 권세에게 우리는 영혼을 빼앗기지 않기 위해서 항상 깨어 기도하며 대적하여야만 한다.

6) 내적 상처로 인한 사회적 장애

학대, 성폭력, 중독성(마약, 알코올 등), 자살 등으로 사회에 용해될 수 없는 성격이나 악습으로 인간관계를 파괴시키는 비사회적인 행동이다.

얼마 전 살인 사건으로 구속된 한 청년의 살인 동기가 어릴 때 받은 학대가 그 원인이었다는 고백을 했다. 내적 상처로 인한 비사회적인 생활의 부적절한 반응이 어떤 무서운 결과를 초래하는지를 잘 알 수 있다.

올바른 자기 자화상을 가지며 건강한 자아를 지닌 사람이 많은 사회가 바로 건강한 바른 사회이다.

7) 내적 상처로 인한 인격장애의 증상들

① 피해망상증

- 근거없는 불신감을 갖게 된다.
- 민감해서 지나친 생각으로 예민한 반응을 보이고 간섭받는 것을 싫어한다.
- 불신감으로 자신의 감정노출을 하지 않으려 한다.
- 타인과의 대화장애 및 상대에 대한 배신감의 사고에 젖어 있다.
- 혼자 있기를 좋아하며 타인이 자신에게 피해를 주지 않을까 경계한다.
- 타인이 자기를 흉보지 않을까 하는 강박관념에 시달린다.
- 냉정하고 유머가 없으며, 돌발적인 행동을 하게 되고 우울증에 시달린다.

② 다중인격장애

- 머리가 항상 아프다.
- 건망증이 심하다.
- 순간적으로 제 정신이 아니다.
- 정신적 충격이나 비극적인 충격이 크다.
- 두 개 이상의 인격을 갖는다.

③ 귀신들린 것

- 중생하지 못했을 때 들린다.
- 인간의 육체 속에 거하기를 즐겨한다.

· 귀신의 일을 한다.

· 하나님을 모독한다.

· 육체를 파괴시키는 일을 한다.

· 거룩한 것을 더럽게 사용한다.

④ 우울증

· 우울증은 사람이 가질 수 있는 가장 고통스러운 정서의 하나다.

· 슬픈 정서와 표정이 나타난다.

· 항상 불안감을 나타낸다.

· 생각이 고통스럽고, 비관스러워진다.

· 일상생활이 불규칙하다. 잠을 자지 못하거나 많이 자거나 하며, 식사를 전혀 못하거나 너무 과식을 한다.

· 망상에 젖어 있다.

· 주변 문제나 가정에 불평이 많다.

· 말이 많아지거나 전혀 하지 않는다.

내적 상처로 인한 정신적 장애, 성격 장애, 인격 장애 등 여러 가지 정서적 장애로 인하여 신앙생활이 어려워지고 흑암의 세력으로 마귀화되어 귀신들린 사람들이 주위에 많아지고 있다. 우리는 바른 신앙관으로 이런 장애를 주님께 치료받고 새로운 삶의 기쁨으로 주님께 영광드리는 자녀가 되어야겠다.

⑵ 용서와 사랑과 믿음의 영성치유법

그러면 이런 영적으로 인한 질병, 정신적인 질병과 악습에 의한 질병 등은 영성적으로 하나님과의 바른 관계가 정립되어야 한다. 또한 영성 회복으로 인한 참된 자아의 치유 없이는 불가능하다.

1) 영적 치유

인간의 본질은 영, 혼, 육 세 분야로 구분되어 있으나 각 부분이 독립적인 개체이지만 연합하여 단일된 하나의 인격으로 존재한다.

그래서 영적 치유(spiritual healing)란 본질적으로 선악과를 통해 죄를 범하여 죽어버린 영을 살리는 것이다. 그러므로 우리를 위하여 이 땅에 오신 예수 그리스도의 보혈을 통하여 하나님과의 관계를 정상화 시키는 데 있다.

영적 치유 방법은 우선적으로 범죄한 영혼을 깨끗이 씻어주는 역할로 마음에 안정과 평안을 주어야 한다.

첫째, 영적 방법으로 십자가에서 죽으신 어린 양이신 주님이 내가 받을 형벌을 위해 대신 죽으셨다는 사실을 받아들여야 한다(요 1:12). 대속의 은총을 알아야 하는 것이다.

둘째, 그 다음 회개가 따라야 한다. 회개는 죽은 과거를 청산하고 병든 영혼을 청산하여 건강한 영혼으로 빛을 발하게 한다.

셋째, 실행 단계로써 영성적인 믿음의 삶으로 하나님께 영광을 돌려야 한다.

넷째, 예수 이름으로 가계의 혈통을 타고 내려오는 저주와 영적으로 묶인 것을 풀어야 한다(마 18:18).

영혼은 인간의 가장 중요한 부분이며 생명의 원천이다. 인간이 안고 있는 여러 가지 문제들을 해결하는 힘이 여기에서 나온다.

모든 근원적인 문제와 내적 치료가 먼저 이루어지기 위해서는 영적 치료가 우선이 되어야 한다.

영적 치료란 바로 영성을 회복하는 것이다. 우선적으로 절대 주권자이신 하나님께 자신을 항복시키고 건전한 자아를 확립하는 것이다. 모든 우상을 격파해야 한다. 하나님보다 높아진 것은 허용되지 않는 것이다. 진심으로 하나님을 섬기고 사랑하며, 말씀과 예배를 성실히 드림으로 병든 속사람이 건강해지는 것이다.

2) 내적 치유

내적 치유(Intenal healing)는 과거의 나쁜 기억과 손상된 감정을 회복시켜 그에 따른 마음의 상처를 치유하는 것이다.

영적 치유는 마음을 맑게 하고 밝게 하므로 이것이 내적 치유의 원동력이다. 내적 치유 없이는 성령의 열매를 풍성히 맺는 신령한 삶을 살아갈 수 없을 것이다.

내적 치유는 속사람의 치유이며 우리 내면의 감정, 정서, 깊은 무의식을 치료하여 심령을 강건케 한다. 그래서 자유로운 삶을 살 수 있도록 한다.

내적 치유는 영혼의 치유이며, 영성 회복은 내적 치유라고 할 수 있듯이 둘의 상관관계는 동일시 할 수 있을 만큼 밀접하다.

영은 마음과 생각을 다스리고 육은 이성의 지배를 받는 조화를 이루고 있지만 타락한 인간의 죄로 인하여 인간의 내적 질서는 균형과 조화를 잃게 된다. 변질된 자아로 하나님과 등을 지고 살아가므로 우리는 혼탁한 세상에서 혼돈과 무질서 속에 병들지 않으면 안되게 되어 있다.

모든 내적인 병이 죄로 인하여 생긴 것은 아니지만 오늘날 현대 의학에서도 약 70%가 이러한 심리 상태에서 비롯되었다고 한다.

그러므로 우리는 성경에서 그 해답을 찾아야 한다. 성경에서 제시하는 질병과 장애의 원인을 살펴보기로 한다.

첫째, 병마로 인한 질병이다(마 8:16, 막 1:32).

둘째, 자신의 죄이다(요 5:14, 고전 11:29).

셋째, 과로, 스트레스, 운동 부족이다.

넷째, 세균감염, 물질, 자연, 식품, 환경파괴 등이다.

내적 치유는 이런 질병의 예방법으로 나쁜 감정이나 생각의 치유를 통하여 자생력을 길러주고, 새롭게 부활할 수 있도록 한다. 그러므로 마음의 치료를 막고 있는 모든 부정적인 생각의 담을 허물어야 한다.

기억의 밑바닥, 무의식 속에 저장되어 있는 부정적인 것을 하나님의 사랑으로 치유받아야 한다. 미움, 공포, 두려움 등 불신앙적인 것을 치료받아야 한다. 좌절감, 즉 패배의식 등을 치료받아야 한다. 죄를 회개하고 자기 자신을 용서하고 먼저 사랑해야 한다.

내적인 상처와 상한 감정을 가지고서는 정상적인 삶을 살아갈 수 없을 뿐 아니라 올바른 영성적인 생활도 불가능할 것이다.

내적 치유는 하나님의 긍휼과 자비로 이루어지는 것이며, 사랑과 용서로 이루어지는 것이다. 그러므로 하나님의 사랑을 받아들이고 내가 해결할 수 없는 문제의 짐을 전능하신 하나님의 손길에 맡길 때 상처입은 마음과 상한 심령의 문제가 해결될 것이다.

(3) 내적인 상처는 사랑으로 치료된다.

상한 심령을 안고서는 건강한 신앙생활을 할 수가 없다. . 그러므로 내적인 상처로 인한 상한 감정의 치료가 이루어져야만 올바른 영성화가 될 것이다.

옛날에는 불치병이라고 알려진 성인병들이 이제 인간을 구성한 세포를 발견함으로써 발달된 현대의학으로 하나씩 정복해 나가고 있다. 하지만 이런 질병의 원인이 되고 있는 근원적인 원인은 아직도 불치로 남아있다.

질병의 원인중 70-75%가 감정의 장애, 인격의 장애로 인한 내적인 상처로 발생한다는 임상보고가 있다. 그러므로 상한 감정과 마음을 치료하는 것이 우선적인 건강의 비결이라 할 수 있다.

"무릇 지킬 만한 것보다 더욱 네 마음을 지키라 생명의 근원이 이에서 남이라"(잠 4:23).

어느 심리학자는 내적인 상처를 받게 되면 네 가지의 현상이 생긴다고 했다.

첫째는 두려운 마음이다. 우리의 감정에 상처를 받을 때에 두려운 마음이 생겨 불안, 염려, 근심이 따르게 된다.

둘째는 분노심이다. 공연히 미워지기도 하고 시기, 무서운 반발심, 반항, 질투, 혈기가 생기는 것도 감정의 상처로 인한 것이다.

셋째는 실패의 감정이다. 좌절감과 열등의식, 실망과 죄책감을 가지게 된다.

넷째는 교만한 마음이다. 편견과 이기심, 만용과 자만심이 생기기 쉽다는 것이다.

이런 상한 감정의 내적 치유는 오직 그리스도의 사랑밖에 해결방법이 없다.

그래서 성경에서는 "사랑 안에 두려움이 없고 온전한 사랑이 두려움을 내어쫓나니 두려움에는 형벌이 있음이라 두려워하는 자는 사랑 안에서 온전히 이루지 못하였느니라"(요일 4:18)고 말씀하셨다.

상처투성이인 상한 마음을 치료할 수 있는 길은 사랑뿐이라고 성경은 가르치고 있다. 상한 감정을 치료하는 방법을 몇 가지로 정리해보자.

1) 남을 사랑할 때 내 감정이 치료된다.

주는 자가 복이 있다고 한다. 사랑하는 마음을 남에게 베풀고 보면 내가 행복해지고 즐거워지는데 이것을 '주는 자의 복'이라고 한다.

남에게 사랑을 베풀고 남을 사랑할 때에, 내 마음의 상처도 고침을 받는 것이 그리스도의 치료방법 중의 하나이다.

2) 사랑해주는 사람이 있을 때에 내 감정이 치료 받는다.

집에서 기르는 강아지도 주인이 사랑해야만 잘 자랄 것이다. 만일 미워하고 학대하면 강아지는 스트레스로 곧 말라버리고 생명이 단축되어 죽는 것을 볼 수가 있다. 이런 미미한 강아지도 사랑받기를 원한다.

어떤 가정에 심방을 갔는데 고무나무가 너무나 싱싱하고 윤이 났다. 성도님에게 그 이유를 물었더니 고무나무를 자식처럼 사랑한다는 것이다. 햇볕이 나면 쬐이고, 거름도 주고, 잎은 알코올기를 뺀 맥주로 닦아주며 매일같이 대화를 나눈다고 한다. 자식처럼 관심과 애정을 가지고 자식처럼 돌본다니 그렇게 아름답고, 싱싱하며, 윤기가 나지 않을 수가 없을 것이다.

한 마리의 강아지도, 한 그루의 나무도 사랑과 관심 속에 있을 때 그 생명력을 유지하는데 어찌 인간이 사랑을 받지 않고 살아갈 수 있겠는가? 인간은 사랑을 받을 때만이 인간답게, 그리고 행복하게 살아갈 수가 있다.

오늘날 사랑의 굶주림과 결핍증 때문에 수많은 문제가 일어나고 있음을 주위에서 흔히 볼 수 있다. 이런 것을 아신 예수님은 우리에게 교훈하신 말씀이 바로 "너희는 서로 사랑하라"는 것이다.

사랑을 나누며 살 때 우리는 상처받은 마음을 치료받을 수가 있을 것이다.

3) 하나님의 사랑이 질병에서 구원해 주신다.

하나님은 우리를 사랑하셔서 이땅에 예수 그리스도를 보내 주셨다. 우리를 사랑하시기에 그의 보혈로 말미암아 죽을 수밖에 없는 죄인들을 구원하시고 다시 살려주시는 대속의 은총을 베푸셨다. 우리는 이 은혜로 말미암아 지금 살아가고 있는 것이다.

이런 사랑의 하나님께서 자녀들이 병들거나 질병에 시달리는 것을 원치 않으신다. 하나님은 우리를 사랑하시고 언제까지나 영원토록 사랑하시기를 원하고 계신다. 우리는 이런 하나님의 한없는 사랑과 은혜를 느낄 때 우리의 모든 상한 감정의 내적 치유뿐 아니라 질병에 놓여있는 모든 병이 하나님의 역사로 치료받을 수가 있다. 나의 질병을 치료해 주시는 하나님의 손길을 믿고 의지하여 기도하라. 그 때 놀라운 치료의 역사가 일어날 것이다.

3. 믿음으로 성취하는 능력의 삶

인간이 갖고 있는 자산을 평가할 때 우리는 흔히 그 사람의 동산이나 부동산, 그리고 학력이나 지식 등에 따라 평가한다. 이런 것들이 삶에 도움은 주겠지만 인간을 진실로 성공시키는 일에는 전부라고 할 수 없다. 그러면 성공시키거나 실패시키는 일 중에 근본적으로 더 중요한 것은 무엇인가?

눈에 보이는 자산도 중요하지만 눈에 보이지 않는 불가시적인 자산이 더욱 중요함을 알 수 있을 것이다. 눈에 보이는 자산이 아무리 많더라도 믿음 없이는 아무 것도 성취할 수 없다는 것을 알 수 있다.

우리 그리스도인은 영적 자산이 있다. 그렇기 때문에 환경적인 어떤 어려움이 온다 해도 충분히 이겨나갈 수 있는 믿음이 있으므로 쉽게 흔들리거나 절망감에 빠지지 않는다.

우리는 믿음이 있기 때문에 믿음으로 성취하는 능력의 삶을 살아야 한다. 죄를 용서하시고, 삶의 의미와 목적을 주신 하나님을 믿으므로 축복의 삶을 살아갈 수 있으며, 소망과 사랑의 삶을 살아갈 수 있다.

믿음으로 성취하는 삶은 곧 성령을 의지하고 그 분에게 맡기는 삶이다. 그 분의 지시와 인도 아래 순종하는 삶이 바로 믿음으로 이루어 나가는 능력의 삶이라 할 수 있다.

(1) 성령님의 인도와 지도 방법

믿음으로 성취하는 능력적인 삶을 살기 위해서는 성령님의 인도와 지도에 따르는 삶을 살아야 한다.

성령론을 사회과학적으로 접근하거나 이해하려는 사람들이 있지만, 우리의 이성이나 체험과 지식으로 이해하려는 것은 금물이다.

우리는 성령의 역사로 말미암아 영혼이 자신을 알게 되고 그리스도 안에서 자신이 어떠한 존재인가를 알 수가 있다(행 9:3-7).

사도행전 11장에서 보면 제자들이 안디옥에서 '그리스도인' 이라는 이름을 받게 된다. 그리스도인이란 무슨 뜻인가? 곧 그것은 그리스도의 영에 인도받는 사람이요, 그리스도에게 속한 사람을 말한다.

속했다는 의미는 그 주인됨의 본질을 말한다. 가령 나 자신이 대한민국 국민이라면 내가 한 국민으로서의 나라의 지배를 받는 것처럼 나의 주인은 곧 하나님이시다. 자연이 자연의 법칙의 지배를 받는 것이 당연한 것처럼, 본능의 지배를 받는 것이 동물이다. 동물은 주로 생식 본능의 지배를 받는다. 그들은 세상이 불에 다 타버려도 그들의 관심사는 본능 그 자체이다. 그러나 인간은 그렇지 않다. 인간은 먼저 이성의 지배를 받는다. 이성적인 것은 먹을 것과 먹지 않아야 할 것을 구분하고, 내 것과 내 것이 아닌 것을 구별할 줄 안다.

이성의 통제를 받는 만큼 인간은 자유를 누린다. 그렇지 않고 본능의 지배를 따르게 되면 인간은 이성의 심판을 받게 되고 인간성을 상실하게 된다. 이성이 지배할 때 인간은 자기 본능을 향유하게 되고, 건강한 인간이 될 수 있을 것이다.

그러면 그리스도인은 어디에 근거를 두어야 하나? 이성을 초월하여 그리스도의 영에 의하여 다스림을 받고 지도를 받을 때 참된 그리스도인이라고 할 수가 있다.

그리스도의 영이신 성령께서 인도하시고, 지도하시며, 그분의 주관 아래 살아갈 때 그리스도인이다. 성령의 역사가 내 안에 내재하시며, 그리스도의 선함과 의지가 우리 안에 있어야 한다.

성령은 우리의 연약함을 도우신다고 한다(롬 8:26). 우리의 영적 연약함과 기도할 수 있는 능력과 신앙적인 결단과 우리의 지적, 정적, 의지적 연약함을 도와서 천국 백성으로 하늘 가는 밝은 길에 이르게 하는 것이다.

오직 성령님의 도우심을 통하여 완전한 그리스도인이 될 수 있다. 그리고 성공적인 신앙생활의 승리로 천국에 임하는 자녀가 될 수 있을 것이다.

(2) 성령충만의 열매

1) 외적 충만함의 열매란?

외적 충만이란 영적 은사를 주시며 역사하심을 의미하는데, 이에 관해서는 이미 구약에서(행 3:31-34, 겔 36:25-27) 약속하셨다.

여기서 영적 은사(Spiritual Gift)란 하나님의 사역을 감당하기 위하여 하나님 자신의 필요에 의해서 주어지는 모든 것을 가리키는 것이다. 즉 바꾸어서 말하면 성령의 역사를 가능케 하기 위해서 주어지는 능력이라고 할 수 있다(고전 2:4-5,

12:7, 행 19:1-12, 약 5:14-16).

성령의 은사적 사역을 성경적으로 나누어 보면 크게 세 개의 범주의 9가지 은사로 나눌 수 있다.

범주 1 : 계시의 은사

지혜의 은사, 지식의 말씀의 은사, 영분별의 은사

범주 2 : 능력의 은사

믿음의 은사, 치유의 은사, 기적의 은사

범주 3 : 메시지 전달의 은사

예언의 은사, 방언의 은사, 방언 통역의 은사

"은사는 여러 가지나 성령은 같고"(고전 12:4)라고 하였다. 이처럼 성령의 나타나심의 역사를 위한 능력이 우리 육신에 임할 때 그것을 성령충만의 외적 현상의 증거라 할 수 있다.

외적 현상인 은사가 임하는 것은 충만했을 때의 역사이다.

성경적인 예로 마리아가(눅 1장 참조) 성령이 충만하여 찬양을 한다. 성령에 의하여 고용이 되었다. 성령께서 마리아를 사로잡았다. 그래서 마리아는 신앙 고백한다. "주의 계집종이 오니 말씀대로 내게 이루어지이다"(눅 1:38).

얼핏 보기에는 쉬운 고백인 것 같지만 이 내용 속에는 성령이 충만한 사람의 참모습이 의미 깊게 담겨져 있음을 알 수 있다.

그러나 마리아는 모든 것을 수용하는 믿음으로 "당신이 원하시는 대로 나를 써주시기 바랍니다."라는 고백을 하게 된다. 이것은 희생적인 결단이며, 헌신적인 의지이다. 이것을 우리는 충만이라 할 수 있다.

찬송가 204장의 "예수로 나의 구주삼고 성령과 피로써 거듭나니… 세상과 나는 간 곳이 없고 구속한 주만 보이도다"라는 가사를 대할 때 나는 이것을 성령충만함이라고 생각한다.

은사를 강조하는 어떤 부흥 집회에 갔더니 강사가 성령충만을 외치며 기도 중에 "충만, 충만, 충만" 하면서 은혜 받으라고 고함을 지르는 것을 볼 때 참으로 한심한 마음부터 들었다.

성령은 인격체이시며 지, 정, 의를 갖추신 분이시다. 그렇다고 성령의 체험도 없이 '거룩, 거룩' 하는 사람에게도 역사하지 않으시지만, 부른다고 오시고 고함 지른다고 급히 달려오시는 그런 성령님이 아니시다.

현대는 성령 충만하여 외적 현상인 은사를 받지 않고서는 목회하기가 어려운 시대이다. 성도들을 중생시키고, 올바른 영적 생활을 지도하기 위해서도 성령의 역사 없이는 불가능한 것이다.

올바른 성령의 열매를 맺어 그 나라와 그 의를 확장하는 데 앞장서는 귀한 종이 되어야 할 것이다.

2) 내적 충만함의 열매

내적 충만은 성령의 영혼에 대한 사역을 의미하는데 이것이 곧 생명의 사역이다.

성령은 인간을 내적으로 변화시키는 힘을 가지고 있다. 그러므로 우리의 영혼 속에 성령께서 임재하셔서 하나님과 생명적으로 연합하여(롬 6:5, 요 14:20) 거듭나게 하시고, 변화받게(롬 12:2) 하시고, 성장케(고전 3:6, 골 1:10) 하여 우리의 영혼을 구원의 역사로 이루어 나가신다(빌 2:12, 벧전 2:2).

갈라디아서 5장에 이런 성품의 변화를 '성령의 열매'라고 하여 아홉 가지로 구분하였다(갈 5:22-23). 그것은 사랑, 희락, 화평, 오래참음, 자비, 양선, 충성, 온유, 절제 등이다. 이것은 한 가지 두 가지로 생겨나는 것이 아니다. 성령께서 역사하시는 내적 변화이므로 이 아홉 가지 열매가 동시에 열린다.

성령께서 이 아홉 가지 열매를 맺게 하는 것은 예수님을 닮아가는 새로운 삶이며, 중생과 성결의 신앙의 체험이 되게 하는 것이다(롬 8:29).

우리가 인격의 변화와 중생의 변화 속에 구원과 더불어 그리스도화 되어서 그리스도인의 품성이 그 인격과 삶 속에서 배어나와야 할 것이다. 우리의 영혼을 변화시키는 성령 충만의 내적인 역사에 대한 은혜와 감사를 느낄 때 말할 수 없는 기쁨이 생긴다.

중생의 확실한 변화는 우리를 죄책에서 벗어나게 하고, 무목적한 삶과 허탈감이 떠나가고, 두려움의 공포가 사라지는 것이다.

또한 나를 지도하시고, 인도하시는 성령의 충만함이 생기면 모든 삶의 무능력과 좌절감 내지 열등의식이 사라질 뿐 아니라 의심과 고독감, 열성 부족 등이 떠나간다. 그 결과로 내적 확신과 신념이 충만해지며, 만족감, 감사, 기쁨 등이 내적으로 솟아나 모든 범사에 자신감이 생기게 되어 믿음으로 성취하는 능력있는 그리스도인이 될 것이다.

성령은 우리의 가치관을 바꾸어 주시고 우리 안에 있는 신령한 가치를 세워 주신다. 성령께서는 우리의 이성을 주관하시고 지배하신다. 그래서 구원받은 이성으로 살아가게 하시는 것이다. 이 구원받은 이성이 바로 행복한 이성이다. 그러므로 가치관이란 행복관이다. 성령께서는 우리를 행복하게 하시기 위하여 어떤 상황에서도 행복할 수 있는 힘을 주시고, 이성을 중생시키시는 역할을 하시는 것이다.

충만하지 못할 때의 삶은 그 환경을 바라보고 불평과 원망을 한다. 하지만 충만할 때는 모든 여건을 행복하게 그리고 감사로 바라볼 수 있는 시각을 제공해 주시는 것이다. 또 어려운 일을 만나도 그것을 좋게 해결할 수 있는 지혜와 능력을 주시므로 성령 충만하여 내적인 변화를 일으키는 삶을 살아갈 수 있다. 이 때 모든 환난이 축복으로 변하는 역사가 일어나는 것이며 성령의 열매를 맺는 삶을 살아가는 것이다.

(3) 성령의 역사와 부활의 삶

1) 기독교 신앙은 이론이 아니라 체험 신앙이며, 부활의 신앙이다.

예수님을 믿음으로 자기 속에 일어난 변화의 체험이 모든 삶의 새로운 부활을 가져다 주는 것이 기독교의 참됨을 증거하고 증명해 주는 것이다.

주님의 부활 역시 장사한 지 사흘 만에 죽은 자 가운데서 부활하셨던 것을 우리는 잘 알고 있다. 예수 생명 내 생명, 예수 죽음 내 죽음, 예수 부활 내 부활처럼 그 어떤 이론보다 가장 강력한 믿음의 증거는 부활하신 주님을 체험하는 것이다. 우리 역시 성령의 역사로 말미암아 우리들 삶 가운데 부활을 체험할 수 있을 것이다.

2) 성령의 내재하심

부활과 능력있는 삶을 체험하기 위해서는 우리를 성전 삼으신 성령의 내재하심이 있어야 한다.

이 말은 곧 성령께서 직접 우리의 인격 안에서 작용하는 것을 의미하는 것이다.

"…너희 안에 거하시는 그의 영으로 말미암아 너희 죽을 몸도 살리시리라"(롬 8:11).

죄로 죽을 수밖에 없는 우리가 성령의 도움으로 예수 그리스도의 생명으로 다시 거듭날 수 있는 새 신분으로 성화하는 과정이라 할 수가 있다. 이것을 가리켜 성령의 사역이며 능력있는 삶의 변화적 동기라 할 수 있다.

부정모혈(不情母血)이란 말이 있다. 아버지는 정으로 기르시고 어머니는 혈육으로 기르신다는 것처럼 하나님의 사랑을 깨닫게 해주시고 아버지의 크신 은혜의 의미를 알게 해주시는 어머니의 역할이 곧 성령께서 내재하시는 역사이다.

성령은 우리의 협력자요, 변호자요, 위로자요, 상담자이시다. 우리와 함께 고난을 당하면서 우리의 연약함을 도와주시는 협력자이다. 그래서 영성의 절정인 그리스도화 할 수 있도록 내재하시며, 인도하시며, 주관하시길 원하신다.

"보혜사 곧 아버지께서 내 이름으로 보내실 성령 그가 너희에게 모든 것을 가르치시고 내가 너희에게 말한 모든 것을 생각나게 하시리라"(요 14:26).

하나님의 지혜로 그때마다 내재하시며 우리가 가야할 길을 인도하시고 지혜와 명철로 우리의 삶을 경영해 주신다. 성령님의 도우심이야말로 우리가 믿음으로 성취할 수 있는 능력의 삶을 이루어줄 수 있는 협력자이시다. 성령의 역사가 아니고서는 불가능한 일이다.

3) 성령의 역사로 부활된 삶의 모습들

부활은 죽은 것이 다시 살아난 것을 의미한다. 그러면 우리들 가운데 죽은 것은 무엇이며 부활한 것은 무엇인가?

"내가 그리스도와 함께 십자가에 못박혔나니"(갈 2:20). 십자가와 함께 죽어야 하는 것은 우리들의 자아와 죄와 허물들이다.

"산 자로 여길지어다"(롬 6:11). 십자가와 함께 부활하기 위해서는 먼저 죄에 대하여 죽었다고 여겨야 한다.

"내 안에 그리스도께서 사신 것이라"(고전 1:30, 고후 5:17). 그리스도를 통하여 예수님은 나의 지혜가 되시고, 나의 의가 되시고, 나의 거룩이 되시며, 나의 구속함이 되신다.

죄에서 구속해 주시고, 무능력에서 구속해 주시고, 병에서 구속해 주시고, 저주에서 구속해 주시고, 사망과 음부에서 구속해 주심으로 나는 믿음 안에서 성취하는 삶을 사는 것이다.

나를 사랑하사 나를 위하여 자기 몸을 버리셔서 죽고 장사지낸 바 되셨다가 다시 부활하신 예수님을 믿는 나는 부활의 삶을 사는 것이다.

그러므로 영혼의 부활을 체험할 수 있다. 죽은 영이 새롭게 부활하므로 하나님과 다시 교통할 수 있으며 영성적 회복으로 말미암아 새로운 영적 생명을 얻게 된다.

영이 살아나면 타락한 인간의 양심도 새롭게 부활하는 것을 알 수 있다. 약한 양심이 살아나고(고전 8:7), 더러운 양심이 성결해지고(고전 8:7), 악한 양심이 선해지고(히 10:22), 감각이 마비된 양심이 부활된다(딤전 4:2).

또한 예수님은 우리의 지혜가 되시므로 참지식을 이해하는 지혜의 부활이 이루어진다. 우리 스스로 지혜 있다고 하나(롬 1:22-23) 멸망하는 지혜라고 했다(고전 1:18). 계시적 지식이 부활(마 11:27)로 말미암아 우리의 육체도 부활을 체험할 수가 있다.

살려주는 영이라고 했다(고전 15:42-45). 그러므로 잠잘 것이 아니라 깨어서 부활하는 우리들의 육체(고전 15:51-58), 부활하신 예수님을 믿어야 한다.

믿음으로 성취하는 삶의 열매가 풍성히 열릴 것이다. 우리들 영과 혼과 양심과 지혜와 육체의 부활이 이루어질 것이다.

실제로 성령의 역사로 일어나는 부활의 삶은 믿음으로 모든 것을 성취할 수 있는 능력의 삶이라고 할 수 있다.

매사에 하나님의 뜻을 진지하게 발견하도록 해보라.

영적 성장이 이루어질 뿐 아니라 참민음을 가꿀 수 있을 것이다.

우리는 죽은 영의 사람이 아니다. 살리심을 받은 영의 자녀
들이다. 영성회복으로 변화된 삶을 살아가면 많은 열매를 맺
게 될 것이다.

5장 · 영성회복 훈련과 상담

영성상담은 예수 그리스도의 중심적인 상담이다.
즉 주님이 상담의 주체가 되셔서
그 분의 의견에 따른 상담이
영성 상담의 핵심이라 할 수 있다.

1. 영성회복 훈련과 은혜의 단계

영성회복을 위한 훈련은 앞부분에 나왔던 부활 4단계를 통하여 반복하는 교육과 훈련을 필요로 한다.

본래 훈련이란 어떤 배려도 있을 수 없는 고통의 시간을 통해서 강인한 생명력을 탄생시키는 것을 의미한다.

논산 훈련소를 갔다온 사람이면 잘 알겠지만 그곳은 모든 것이 제약되어 있는 사회라고 할 수 있다. 오직 명령에 절대적 순종만이 존재하는 곳이다. 명령에 죽고, 명령에 사는 곳이다. 상관의 뜻을 거스릴 수 없는 명령 사회라 할 수 있다.

군대사회가 갖는 가장 큰 어려움이라면 위로받을 데가 없다는 것이다. 자신이 처신을 잘못하면 여기서도 저기서도 혼이 나고 내무반에 들어와도 마음껏 훌쩍거릴 곳이 없는 삭막한 곳이 군대이다.

그러나 이런 훈련을 거치지 않고서는 전투력이 있을 리가 만무하고, 사회 생활이나 공동체 생활을 제대로 해 나갈 수가 없다.

강한 훈련은 곧 자기 자신과의 전투이다. 자기 자신을 더욱더 강건하고 담대하게 할 뿐 아니라, 어떤 열악한 환경의 조건 속에서도 맨손으로 맡겨진 일들을 훌륭히 극복해내는 것을 볼 때 훈련의 효과를 실감할 수 있었다.

하나님 역시 사랑하는 자녀를 위하여 훈련을 주시는 것이다. 건강을 뺏기도 하고, 물질을 뺏기도 하고, 오해와 경멸과 천대 속에서 고통을 주시기도 하시지만 우리는 그것을 통하여 많은 것을 배우게 된다.

나는 누구이며, 인생은 무엇이며, 어디서 왔다가, 어디로 가는지를, 또한 우리가 추구하는 것은 무엇이며, 참된 인생의 가치관은 무엇인가 등을 배운다. 그리고 세상이 유혹하고 혼란을 주는 허상의 허무를 비로소 꿰뚫어 보는 눈을 주시고 귀와 입을 주시는 것이다.

우리 인간은 범죄함으로 하나님과 교통할 수 있는 영적인 것을 잃어버렸다. 그 이후 인간은 날이 갈수록 교만과 불순종과 불신앙으로 하나님의 창조의 섭리를 벗어나 이제는 심판의 날이 가까워지고 있다.

이런 시점에서 선택된 구원의 자녀들은 그리스도의 형상을 닮아가야만 하고, 잃어버린 영성적인 것을 회복하지 않으면 안된다.

영성 회복을 위하여 영적 갈등과 영적 고통과 영적 고민의 훈련이 따르지 않고서는 멀어진 하나님을 대할 수 없다.

하나님께서 우리에게는 감당할 시험만 허락하신다고 하셨다. 오늘 우리는 잃어버린 영성을 회복하여 범사에 부활의 기적이 일어나는 역사가 일어야 한다.

우리의 삶과 생활에, 우리의 영혼과 육신적인 영성에도 부활의 기적이 일어날 때 비로소 영성적으로 새로 거듭나는 자녀가 될 것이다. 하나님이 원하시는 자녀로서 신령한 하나님의 성전이 될 것이다.

(1) 훈련 단계

훈련이 부활 4단계의 영성 회복 교육만으로 되는 것이 아니다. 교육을 받은 것만큼 실전의 훈련을 필요로 한다. 즉 교육받은 내용이 부활하여 삶의 전반적인 것에 나타나야 하고, 인격적인 면이나 인성에도 작용해야 하며, 모든 일에 적용되어야 할 것이다.

우리가 교회에 처음 나와서 은혜 가운데 구원을 받았지만 구원받은 자로서의 행위와 신앙생활의 열매는 오랜 영적 훈련 가운데 굳건한 믿음으로 성장하는 것이다. 이처럼 하나님이 뜻하시는 대로 거듭나게 하는 부활의 존재로 만들어 나가는 단계라 할 수 있다.

훈련의 단계가 끝나면 영혼을 거듭나게 하시고 영적 성장과 성숙을 계기로 놀라운 부활의 역사가 이루어지는 것을 영성 세미나에 참석한 믿음의 자녀들을 통하여 체험하였다. 그와 더불어 본인 역시 그러한 은혜 가운데 목회사역에 임하고 있다.

영성적으로 부활이 되면 이제는 그리스도의 이전의 사람이 아니라 그리스도 이후의 사람으로서 영성 회복을 통하여 성령님과 동행하는 거룩하고, 성결된 삶으로 변화를 받게 된다. 이것이 중생의 체험이다.

변화된 삶으로 은혜를 받은 성도는 훈련을 통하여 더욱 더 강인한 인격과 삶의 변화 속에 감사와 성령충만의 은혜와 기쁨이 가중된다. 범사에 담력과 확신이 차고 넘쳐 완전히 다른 인생을 살게 되는 중요한 과정이라 할 수 있다.

(2) 실용적인 단계

영성 회복이란 하나님과의 관계 개선으로 다시 영적으로 하나님과 교제할 수 있는 단계에 이른 것이다.

이때부터 성령께서 함께 하셔서 육체의 영성을 일구어주는 실용적인 단계에 이르게 된다.

·실용적인 은혜의 체험 4단계

1. 기본적인 체험(은혜의 기쁨)
2. 실용적인 체험(능력의 은사)
3. 진리의 말씀 체험(지혜와 그리스도의 권세)
4. 영적 레에마 체험(성령님의 역사와 인도하심)

2. 영성 상담의 중요성

(1) 상담의 중요성

우리가 살아가는 세상은 정보화 시대이며, 눈뜨기 무섭게 변화되는 현실을 맞이하고 있다. 다양한 정보와 삶을 편리하게 하는 문명이 놀랍게도 발전되었지만 인간성의 근본적인 문제는 조금도 개선되지 않고 오히려 위기의 삶에 놓여 있다. 겉보기에는 세상이 발전되어서 모든 삶이 편리하고 행복해 보이지만 막상 인간의 내면을 들여다보면 부부문제, 자녀문제, 건강문제, 생활문제 등등 수많은 삶의 문제로 고통과 괴로움을 겪고 있는 실정이다.

이런 인간성의 문제를 발달된 문명이나, 인간의 지식이, 정보화된 사회가 해결해줄 수 없다.

본인은 목회 생활중 이러한 문제로 절망하는 많은 이들과 상담을 하면서 나 스스로도 한계에 부딪히지 않을 수 없었다.

인간의 문제는 인간을 창조하신 하나님 한 분만이 완벽하게 해결할 수 있다고 본다. 그래서 절망과 불안과 두려움에 서있는 그들의 손을 붙들고 기도하면서 하나님 말씀 가운데서 영성적으로 그 해답을 구하고 위로하며, 격려와 아울러 그들에게 소망을 심어주는 상담을 하였다. 그 때 그들의 모든 문제가 해결되는 역사를 체험하게 되었으므로 영성 상담의 중요성을 느끼지 않을 수 없다.

영성적 상담은 우리를 가장 잘 알고 계시는 하나님의 방법대로 수용하면 상처입은 영혼의 치료는 물론이고, 삶에 새로운 희망과 위로를 가져다 주는 놀라운 능력의 상담이 될 수가 있다.

주님은 우리의 가장 완벽한 영적 상담자이시며 우리의 문제를 해결해 주시고 도와주시는 선한 목자이시다. 선한 목자는 아흔아홉 마리의 양을 두고 두려움과 불안에 떨고 있는 길 잃은 양 한 마리를 찾아 나서시는 모습이다. 오늘도 우리의 방황과 절망에 주저앉은 모습을 보시기를 원치 않으시므로 사역자를 통하여 사랑과 긍휼과 자비로 우리를 찾아 나서

신다.

우리는 이런 주님의 관심 속에 돕기를 원하는 영성상담의 깊은 중요성을 느끼고 모든 것을 주님께 의지하여 해결의 방법을 찾아야 할 것이다.

영성상담은 결국 인간을 새롭게 변화시킬 뿐 아니라 피상담자의 문제 해결과 더불어 인격을 완성시켜 그리스도의 모습을 닮아갈 수 있도록 도움을 줄 수 있다.

영성훈련으로 영적 성장을 이룬 신앙인이라면 고통과 절망에 놓인 사람들을 위하여 상담을 해 줄 수 있는 사역으로 하나님께 영광을 돌리는 귀한 주의 사역자로서 그 사명감을 감당할 때 하늘의 상급이 있으리라 본다.

주님이 이땅에서 행하신 사역 세 가지 특색을 살펴보더라도 상담을 통한 치유사역이 많이 부분을 차지하듯이 상담을 통한 사역의 중요성을 알 수 있다.

① 가르치는 사역(Teaching ministry)

② 일깨우는 사역(Preaching minstry)

③ 치유하는 사역(Healing minstry) — 영적 치유, 혼적 치유, 육신 치유, 악령 축출

위와 같은 방법으로 주님처럼 상담을 통하여 가르치고, 일깨우며, 치유하는 사역으로 행할 때 성공적인 영성목회가 될 것이다.

(2) 피상담자는 누구를 찾아가는가?

문제가 생기면 사람들은 제일 먼저 가장 가까운 사람에게 요청을 하게 되지만 사실 어려울 때 전적으로 나서서 도와줄 수 있는 사람은 많지 않다.

특히 곤란하고, 고통이 심할 때는 부모 형제도 도움을 주지 못하는 경우가 있다. 가까운 친구조차도 도움이 될 수 없을 때가 허다하다.

답답하고 문제로 인하여 급할 때, 그들은 문제를 가지고 누구를 찾아가는가?

① 가장 가깝다고 느끼는 사람에게 문제를 가져온다.

② 자기가 존경하고 평소 몇 번 접촉이 있거나 알고 있는 사람에게 문제를 가져온다.

③ 상담에 관심 있는 자에게 도움을 구하기를 원한다.

④ 자기보다 유능한 자에게 상담을 하러 간다.

⑤ 하나님을 잘 알고 도와줄 수 있는 영성적 지도자에게 상담하러 간다.

이와 같은 순서로 상담자를 찾게 되는 피상담자는 문제가 있기 때문에 오는 것이므로 문제를 해결하고 도와줄 수 있는 능력과 지혜를 가진 상담자를 원한다. 영성적 상담은 성경적 상담이 되어야 하므로 주께서 그 주체가 되어야 하는 것이 당연할 것이다.

우리 인간은 한계 상황이라는 것이 있어서 그 한계점에 도달하게 되면 그때서야 자신의 수단과 방법을 버리고 그 문제를 초월하기 위한 수단으로 하나님을 찾게 되지만, 이런 우리의 마음을 이미 감찰하시는 분이 어떤 분이신가? 이미 이전의 것도 아시고, 이후에 일어날 일까지도 모두 아시는 그분의 전지전능성 앞에 우리가 할 일은 맡기는 것이다. 우리 속에 말씀이 풍성하게 거하여 감사가 삶 속에 끊이지 않게 하는 것이 기독교 상담의 중요한 목적이다.

피상담자는 영적 능력과 하나님의 성품과 인격을 갖춘 상담자를 좋아한다.

(3) 영성상담의 필요성

물질 문명의 발전은 오히려 현대인들에게 가치관의 혼란과 소외감과 허무감을 심어 주어 깊은 좌절감에 빠지게 한다.

이런 우리는 삶의 방향을 정립하지 못하여 내적 갈등과 삶의 수많은 문제로 고통 가운데 있음을 알 수 있다. 정신적 심리치료가 많이 발달되어 있으나 의학에 의한 심리치료법이 상실해버린 인간성까지 회복해 줄 수는 없다.

이런 원인으로 심리학과 신학이 함께 어우러져 지금 미국에서는 병원에서 따로 영성상담을 하고 있는 실정이다.

정신적인 장애를 가지고 살아가는 사람들에게 그 장애의 근원적인 심리치료가 무엇보다 필요하다. 그러나 부패하고, 죄성으로 인간성을 상실한 근본적인 치료는 영성 회복 없이는 불가능하다.

이런 점에서 정신적 치료에도 도움이 되고, 또 마음의 상처를 받고 고통 가운데 있는 심리적 안정에도 영성이 큰 심적 자원이 된다.

특히 목회자가 가지고 있는 영성적인 영역중 설교, 심방, 교육, 전도 등은 상담과 깊은 관계를 갖고 있다 하여도 과언이 아니다.

따라서 영성적 상담은 인간 관계를 새롭게 변화시킬 수 있다. 상한 마음의 치료뿐 아니라, 삶의 가치관 정립 등 잃어버린 인간성 회복을 통하여 인간관계를 긍정적이고 발전적이고 창조적으로 유도하여 더 나은 삶으로 부요케 하는 풍요로운 삶의 촉진제 역할을 하므로 영성 상담의 필요성을 느끼게 한다.

3. 영성 상담의 적용과 실제

(1) 상담자와 피상담자의 관계

상담은 인격 변화에 이르게 하는 두 사람 사이의 깊은 이해라 할 수 있다. 미국의 상담심리학의 존슨(P. Jhonson)은 "성장하는 책임과 정서적 이해의 방법으로 어려운 문제를 해결하려는 요구에서 생기는 반응적인 상호관계"라고 하였다.

영적 상담이란 상담자 자신 스스로가 문제 해결을 할 수 있도록 돕는 과정으로써 자기가 해결하려는 능력을 갖도록 영성적 받침으로 돕는 것이다.

사람이 사는 곳이라면 누구에게나 상담은 필연적으로 요구된다. 이 분야는 광범위할 뿐 아니라 현실적으로 요구되고 있는 상황이다.

인간의 다양한 욕구와 문제를 해결하기 위한 방법과 기술이 다양하지만 인간의 문제를 완벽하게 해결해 주실 분은 오직 하나님 한 분밖에 없다는 사실을 영적 상담의 체험에서 알 수 있다.

하나님이 우리를 창조하시고 그 분이 우리를 주관하신다고 할 때 우리는 모든 문제를 하나님께 맡길 수밖에 없다.

창조하신 분이시기에 우리를 잘 아는 것은 당연한 것이다. 그러므로 영적 상담은 하나님이 창조주이시고 우리는 피조물이라는 기본 틀 안에서 시작해야 할 것이다.

1) 하나님께 맡기는 자세가 필요하다.

사실 인간의 고도로 발전한 문명과 지식으로도 해결하지 못하는 문제들이 너무나 많다. 우리가 할 수 있는 일이란 아주 제한되어 있다는 것을 알게 되면 우리는 그 분 앞에 무기력한 피조물이다.

이런 우리가 우리의 수단과 방법에 의존하여 살아가겠다는 것은 참으로 어리석은 일이다. 우리를 완벽하게 아시는 그 분에게 맡기며 그분의 창조적 능력 안에서 내담자와 상담이 시작되어야 한다.

2) 영적 상담은 문제를 해결하는 상담이 아니고 근본적으로 원인을 제거하는 상담이다.

그러므로 그 주제는 상담자가 아니라 하나님이시다. 상담자를 통하여 역사하시는 하나님이시다.

상담자는 오직 하나님의 도구이며 하나님께 도움을 받아 내담자를 돕는 것이 기독교 상담의 원리다.

상담자는 하나님께 쓰임을 받는 도구로써 그 근거는 믿음이다. 믿음이 없는 상담자는 그 역할을 제대로 수행할 수가 없을 것이다.

3) 영성적 상담은 예수 그리스도 중심의 상담이 되어야 한다.

자기 중심 내지 자기 지식을 가지고 하는 상담은 기독교적 상담이 아니라 세속적 상담이 된다. 오직 예수 중심, 말씀 중심, 성령의 인도하심의 상담이 기독교의 영성적인 상담이다.

4) 불꽃 같은 눈으로 감찰하시는 이가 하나님이시므로 하나님 앞에는 비밀이 있을 수가 없다.

그러므로 내담자는 마음 속에 있는 모든 것들을 간직하고 고통받을 것이 아니라 내어놓고 기도하며 회개할 때 그 영이 밝아지므로, 마음이 밝아지고, 또 삶이 밝아진다. 그리고 육신적으로 평안을 누리므로 모든 내적인 고통과 질병을 치유받을 수 있다.

5) 상담 방법

"모든 성경은 하나님의 감동으로 된 것으로 교훈과 책망과 바르게 함과 의로 교육하기에는 유익하니 이는 하나님의 사람으로 온전케 하며 모든 선한 일을 온전케 하려 함이니라"
(딤후 3:16-17).

① 내담자의 근원적인 문제 해결 방법은 하나님이 요구하시는 믿음과 삶을 성경에서 찾아서 상담한다(원인 발견).

② 문제와 근접하는 성경 말씀을 찾아 죄를 알게 하고 내담자를 회개를 할 수 있도록 한다(권면).

③ 영성 회복을 통하여 하나님과의 새로운 관계 형성과 용서를 통하여 곤경에서 벗어나게 한다. 상담자는 내담자를 도와서 영성을 회복할 수 있도록 영적 권면과 아울러 신앙적으로 도와주어야 한다(회복단계).

④ 성령의 인도와 지도로 변화된 삶의 모습과 하나님의 축복하심을 중보기도로 확신을 준다(문제 해결과 원인 제거).

(2) 상담의 문제들

믿는 사람이나 믿지 않는 사람들이나 삶의 문제는 있기 마련이다. 그러나 믿는 자는 하나님께 맡길 수 있다는 사실 하나만으로도 이미 문제의 핵심은 거의 해결된거나 다름이 없을 것이다.

삶의 문제가 많을 때를 가리켜 위기의 삶이라 할 수 있다. 어떤 문제들이 마음의 평안을 깨뜨리고 고통을 주는 상담의 문제들인지 살펴보기로 하자.

① 가정문제 — 부부, 자녀, 교육, 결혼, 생업, 생활, 질병, 신앙, 고부간의 갈등 등

② 사업문제 — 파산, 실패, 손실, 자금부족, 불경기 등

③ 사회문제 — 취업, 실직, 동료와 갈등, 사회불안, 각종 중독, 사고 등

④ 자녀문제 — 정신질환, 성격장애, 학업, 진학, 취업, 생활 태도, 반항 및 방황 등

(3) 상담의 방법들

상담자의 상담 방법의 하나로 내담자를 수용하는 자신의 태도에 따라 내담자가 신뢰하고 자신의 문제를 상세히 털어 놓을 수 있을 것이다.

병원에서 의사가 환자를 수용하는 태도가 만약에 히죽거리며 실없는 웃음으로 맞이하는 의사에게 자신의 생명을 같길 수 없듯이 상담자는 내담자를 맞이할 때 반드시 신중하게 해야 할 것이다.

그러기 위해서는 상담자는 사소한 일에도 세심한 주의를 가지고 내담자가 편안한 마음을 가지고 상담에 응할 수 있도록 배려하는 마음으로 준비하여야 한다. 그런 의미에서 먼저 상담 순서를 계획하여 내담자를 만나야 한다.

1) 약속을 먼저 정한다.

내담자에게 도움을 줄 수 있는 가치있는 상담을 하기 위해서는 서로가 충분한 시간을 배려하고, 안정된 상담을 하기 위하여 확실한 상담 약속을 정한다. 그렇게 되면 상담자의 신뢰

도가 더욱 높이 평가될 것이다. 더 나아가 정기적인 약속을 하게 되면 시간을 효과적으로 사용할 수 있을 것이다.

2) 상담을 위한 준비

예고 없이 찾아온 내담자라 할지라도 언제나 상담할 수 있는 준비가 되어 있다면 당황하지 않을 것이다.

내담자는 항상 상담자의 바쁜 시간을 빼앗는 것이 아닐까 하는 미안한 마음을 가지고 있으므로 상담자가 조금이라도 부담을 주거나 난감한 표정을 가지게 되면 내담자는 죄책감으로 눈치가 보이고 어색한 행동을 보이게 된다.

그러므로 상담을 시작하기 전에 항상 준비 시간을 가지고 몇 분 정도 소비하게 되면 내담자가 마음의 안정을 찾을 수 있게 된다.

상담하는 동안은 안정감과 친밀감을 최대한으로 갖고 또 조명이 너무 밝지 않도록 한다.

상담을 하는 동안은 어떤 방해도 받지 않도록 준비해야 할 것이다. 상담도중 핸드폰이나 전화벨이 울리게 되면 상담의 대화가 끊어지고 그로 인하여 올바른 상담을 하지 못하게 된다.

상담시에는 외부인 출입을 금지시키고 상담자 자신도 자리를 비워서는 안된다. 상담을 하기 위한 준비된 마음은 역시 기도일 것이다.

내담자의 문제를 정확히 이해할 수 있도록 하나님께 간구하고, 적합한 성경말씀을 읽는 것이 좋다. "마음의 생각과 뜻을 감찰하시는"(히 4:12) 하나님이 유일한 능력의 근원이라는 사실을 명심하고 하나님을 의뢰할 때 역사할 것이다.

3) 상담의 시작

상담의 시작이 가장 어렵고 중요하다고 본다. 경험이 많지 않은 초보일 때는 무슨 말부터 시작해야 할지 몰라 당황하기 쉽다. 마음과 마음이 통하는 진실한 인사를 나눈 뒤 곧바로 내담자의 문제를 시작하는 것이 좋다.

엉뚱한 얘기는 문제 접근에 도움이 되지 않을 뿐 오히려 내담자의 어색함을 지루하게 끌어나가는 불필요한 시간이 될 것이다.

바로 문제에 접근하는 것이 오히려 내담자가 고맙게 생각할 것이다. 상담을 하면서 좀더 구체적인 계획을 세우겠지만 처음부터 직접적으로 내담자의 문제를 취급하면 내담자의 불안한 마음을 안정시키는 효율적인 방법이 될 것이다.

4) 상담시간 조정

효과적인 시간 조정으로 내담자의 마음에 안도감을 주어야 할 것이다. 장시간의 상담은 계속 반복되는 상담으로 비효과적이 될 수 있고, 너무 짧은 시간은 내담자가 충분한 시간을 할애받지 못하는 아쉬움에 상담이 너무 빨리 끝났다는 생각과 아울러 상담이 잘되지 못한 느낌을 줄 수가 있다.

항상 효과적인 시간 조정으로 정해진 시간 안에는 마음을 놓고 충분히 자기의 문제를 두고 만족할 수 있는 상담을 했다는 느낌을 주어야 할 것이다.

5) 상담 결과를 기록 보관하여 차후 상담시 활용한다.

아무리 간단한 사례일지라도 기록하고 보관하는 습관을 상담자 자신이 가져야 할 것이다. 기억력이 좋다 해도 여러 사람을 상담하는 상담자로서 다 기억하기는 어려울 것이다.

세밀한 부분에서 혼동을 일으켜서 실수를 한 사례가 여러 번 있었으므로 상담자의 기억에 의존하게 되면 상담 내용이 변질될 우려가 있다.

또 상담의 진행사항과 결과를 보기 위해서도 기록 보존하고 상담자는 내담자의 상담 내용을 비밀로 지켜주어야 할 의무와 책임이 있으므로 절대로 노출시키거나 남이 볼 수 있도록 방치해서는 안된다.

잘 보관하여서 내담자의 비밀을 지킬 때 많은 내담자가 상담을 요청할 것이다.

6) 장기 상담을 요하는 문제는 반드시 기록첩을 보고 그때마다 기록한다.

장기 상담을 요하는 사례가 많을 것이다. 예를 들어 정신적인 것, 또 신앙적인 것 이런 장기적인 상담은 그때마다 그 사람의 진행 결과를 살펴보면서 상황에 따라서 상담을 할 때 효과적이다.

이런 내담자를 위하여 그 상황에 맞게 기록하여 면밀히 검토한 후 진전이 보이지 않을 때는 전문가에게 위임하는 것도 좋은 방법이 될 것이다.

⑷ 문제의 접근 방법과 상담자의 자세

문제의 근본적인 원인 제거와 해결을 위해서는 상담자 스스로가 그 문제에 개입되어야 한다.
그러기 위해서는 문제의 개입 원칙을 세워 두고 상담을 하면 효과적일 수 있다.

1) 상담자의 개입원칙
① 즉각적으로 개입한다
기도해 보자는 말이 아니라 그 위기에 동참하여 영적으로 맺힌 것을 풀어나가는 상담 방법이다.

② 직접 참여로 개입한다
상담받는 자가 올 수 있도록 편의를 제공하는 상담 방법이다.

③ 목표를 설정하여 그 프로그램에 따르도록 한다.
회복할 수 있는 계획과 계획대로 이끌어주는 배려가 필요한 상담 방법이다.

④ 소망과 사랑의 상담 방법
자신감을 심어주고 힘과 용기를 심어줄 수 있는 사랑의 상

담 방법이다.

⑤ 상담은 상담자가 내담자의 문제에 직접 개입하여 함께 풀어 나가는 것으로 시작된다.

내담자와 대화하며 그의 환경과 느낌, 생각, 태도, 행동 등을 통하여 그가 가지고 있는 문제에 접근하여 올바른 길로 인도하고 지도하여 그의 문제를 제거하는 것이다.

⑥ 상담시 상담자가 내담자에게 해 주어야 될 것
첫째, 확신과 자신감을 심어 주어야 한다.
둘째, 지원할 수 있어야 한다.
셋째, 평안과 기쁨을 줄 수 있어야 한다.
넷째, 문제에 적응할 수 있는 적응력을 회복시켜 주어야 한다.

⑦ 성령의 도우심을 구한다.
상담의 중요성을 일깨워 주고 위기의 삶 자체를 회복시켜서 새로운 삶의 가치관과 보람을 찾을 수 있도록 하기 위해서는 전능하신 하나님께 의지하여 성령의 도움과 인도를 따라야 한다.

2) 문제 파악의 접근 단계
① 문제 파악의 준비 단계
내담자와 상담전 약간의 준비의 시간을 가져야 한다. 먼저

상담자는 성령님의 조명하심과 인도하심의 도움을 기도로 요청한다. 그 동안 내담자는 차를 대접하거나 부담없는 말을 건네면서 친근감을 가지고 어색한 분위기를 전환시키도록 준비한다.

② 문제파악을 위한 경청단계

상담이 이루어지면 상담자는 내담자의 문제를 파악하기 위하여 자신의 문제를 자연스럽게 내어놓도록 유도해야 한다.

예를 들어서 자연스러운 대화로 "어떤 일로 오셨습니까?" 하고 얘기를 경청하다가, 중간에 "그럼 그 문제를 두고 어떤 조치를 취하고 있습니까?"라는 질문으로 경청하게 되면 그 사람 스스로의 해결 방법을 말하게 된다. 그 방법에 상담자가 조금만 조언해 주면 될 것이다.

여기에서 가장 중요한 것은 상대가 충분히 얘기할 수 있도록 인내를 가지고 경청하는 것이다.

내담자의 답변을 주의깊게 경청하면서 그의 현재 상황과 문제점을 정확하게 파악하게 되면 상담자는 내담자로 하여금 자신의 문제를 명확히 볼 수 있도록 도와주고 현실 파악을 정확히 할 수 있도록 조력한다. 이것이 상담자의 목적이라 할 수 있다.

문제 파악 단계에서는 경청을 통하여 정확히 문제를 끄집어 내는 것이 요령이라 할 수 있다.

③ 문제 파악을 위한 관찰 단계

내담자의 문제를 파악하기 위하여 상담자는 내담자의 언행이나 행동을 주의깊게 관찰하면 많은 정보를 얻을 수 있다.

언성이 올라가는 부분과, 분노하는 부분, 눈물을 흘리는 부분, 자세를 바꾸는 등의 행동을 유심히 관찰하면 내담자의 성격이나 감정상태를 알 수 있는 중요한 단서가 될 것이다.

예를 들어 내담자가 몇 번씩이나 거론하는 부분, 상담의 처음 말이나 끝의 말을 잘 대조하면 내담자의 관심의 초점을 알 수가 있다.

3) 상담자가 갖추어야 할 기본 자세

① 주어진 소명을 항상 기뻐하며, 내담자에게 기쁨과 소망을 전달하는 사람이 되어야 한다.

② 쉬지 말고 기도하며, 성령님께 의지하는 영성적 상담자가 되어야 한다.

③ 범사에 감사하며, 모든 일에 긍정적 사고를 지닌 사람이어야 한다.

④ 비기독교적인 상담이 아니라 성경 안에서 진리를 전하는 주님의 말씀 중심으로 믿음이 견고한 자라야 한다.

⑤ 모든 일에 상담자 스스로 신앙의 본이 되고 상담자로서의 인격을 갖추어야 한다.

⑥ 악한 것은 어떠한 모양이라도 다 버려야 하며 상담의 책임감을 느껴야 한다.

⑦ 상담의 기본적 자세와 상담자의 자격을 상실치 않아야 한다.

4) 상담자가 내담자를 대할 때 요령 사항

① 내담자에게 용기와 희망을 주어야 한다.

② 내담자의 의중을 정확, 신속히 알아야 한다.

③ 내담자의 문제를 확실히 지적하고 현실적으로 직곤하게 한다.

④ 상담자의 조언을 거부감 없이 수용하게 하기 위해서는 신뢰감을 주어야 한다(확고한 의지로 확신감).

⑤ 자신의 수단이나 방법의 잘못된 부분을 알려 주고 인본적인 것을 신본적인 중심으로 하여 긍정적인 시각을 제시한다.

⑥ 회복의 전환점 마련과 구체적인 행동 변화 및 도울 수 있는 방법을 제시한다.

⑦ 내담자의 솔직한 고백 신앙으로 회개를 촉구한다(영성 치료).

5) 상담자가 내담자를 대할 때 주의 사항

① 상담자 자신이 지나친 감정 표현을 해서는 안된다.

② 내담자의 얘기에 빠져들어 상대를 함부로 단정해서는 안된다(분별).

③ 다른 교회에 속한 내담자를 내 교회에 속하게 하려고 해서는 안된다.

④ 의학적인 것을 부정하고 무조건 신앙으로 끌어들여서는 안된다(본인의 결정).

⑤ 내담자와 논쟁을 하거나 상담자 자신의 의견을 무조건

적으로 주입해서는 안된다.

⑥ 이혼을 강요하거나, 부부관계의 갈등을 초래해서는 안된다.

⑦ 무책임한 얘기나 무계획적인 일을 강압적으로 결정케 해서는 안된다.

6) 개인 상담의 요령

상담에는 상당한 경험과 요령이 필요할 것이다. 상담을 많이 한 사람은 요령과 상담 방법에 익숙해 있기 때문에 내담자를 대할 때 자신감이 있지만 상담을 자주 해 보지 못한 사람은 상담에 자신감이 없고 사실 불안한 마음부터 드는 사례가 종종 있다.

"아무 것도 염려하지 말고 오직 모든 일에 기도와 간구로, 너희 구할 것을 감사함으로 하나님께 아뢰라 그리하면 모든 지각에 뛰어난 하나님의 평강이 그리스도 예수 안에서 너희 마음과 생각을 지키시리라"(빌 4:6-7).

모든 것을 하나님께 맡길 때 그 분이 주관하시고 역사하여 주실 것이다. 그러므로 상담에 임할 때에는 첫째, 내가 하는 것이 아니므로 용기와 자신감을 가지고 임해야 할 것이다. 둘째, 모든 것을 하나님께 맡기고 기도 후 상담에 임해야 할 것이다. 셋째, 모든 해결의 방법은 성령의 인도와 지시대로 순종하여야 한다.

위와 같은 방법을 기초하여 다음과 같이 상담에 임하면 좋은 결과를 얻을 것이다.

① 내담자의 문제는 어디까지나 그의 문제이다. 그러므로 상담자가 그 문제를 다 짊어지겠다는 생각은 버려야 한다. 상담자는 상담이 끝난 뒤 털어버려야 한다.

② 공개석상의 상담은 금물이다. 개인의 인격적인 면에 자존심을 지켜 주어야 한다.

③ 내담자의 얘기를 인내를 가지고 잘 들어야 하며, 얘기를 하도록 해야 한다.

④ 울면 울도록 놔둔다(내적 치유).

⑤ 내담자의 고통과 아픔을 함께 나누는 심정으로 상담하여야 한다.

⑥ 소망을 주고 삶의 확신과 기쁨을 심어주는 상담자가 되어야 한다.

⑦ 다른 사람과 분쟁할 요지나 인간 관계에 있어서 대적할 수 있는 소지는 피하여야 한다.

⑧ 내담자의 신상이나 상담의 비밀은 확실하게 지켜주어야 한다. 상담한 내용의 비밀이 지켜지지 않는 무책임한 상담자는 기본 자격을 상실한 상담자이다.

⑨ 상담 자체가 평안해야 한다. 불안감, 두려움 등을 주는 상담은 피한다.

⑩ 지레짐작, 상대방 비난, 잘못된 판단, 불확실한 결정, 무리한 요구, 강압적인 강요, 자신감 상실, 흥분, 고성 등 부정적인 요소를 배제한 영성적 상담이 되어야 한다.

"아무것도 염려하지 말고 오직 모든 일에 기도와 간구로, 너희 구할 것을 감사함으로 하나님께 아뢰라 그리하면 모든 지각에 뛰어난 하나님의 평강이 그리스도 예수 안에서 너희 마음과 생각을 지키시리라"(빌 4:6-7).

영성적 상담은 소망을 주어야 한다. 사랑으로 감싸주고 용서와 자비와 긍휼로 치유할 때 개인상담으로써 그 역할을 다할 수 있을 것이다.

영성 상담이 필요한 시대가 왔다고 본다. 인간이 인간의 문제를 해결할 수 있다고 하는 데에는 분명히 한계가 있기 때문이다.

그러므로 천지를 창조하신 하나님께 의뢰하여 근원적인 문제를 해결해 나가는 것이 영성 상담이다.

영성 상담은 예수 그리스도의 중심적인 상담이다. 즉 주님이 상담의 주체가 되셔서 그 분의 의견에 따른 상담이 영성 상담의 핵심이라 할 수 있다.

6장 · 영성회복을 위한 가계의 치유

영적으로 맺힌 것이 있다면 풀어야 한다.
우리는 예수 그리스도의 권세를 받은 믿음의 자녀이다.
그 권세로 사탄 마귀를 쫓아내고
멸할 수도 있다는 사실을 믿어야
맺힌 것을 풀 수 있다.

1. 영적으로 맺혀 내려오는 저주

"맺힌 것은 풀어야 영혼이 살 수 있다"라고 말하면 먼저 부정적인 측면으로만 받아들이고 이해하려는 사람이 많다. 그러나 성경 말씀에 기록되어 있듯이 마태복음 18장 18절 말씀에서 "진실로 너희에게 이르노니 무엇이든지 너희가 땅에서 매면 하늘에서도 매일 것이요 무엇이든지 땅에서 풀면 하늘에서도 풀리리라"고 하셨다.

영적으로 매여 있는 것이 있다면 현실이든 과거이든 간에 풀어야만 하나님의 은혜 안에 거할 수 있음을 목회 현장에서 체험으로 직접 느꼈다.

지난 십수년간 실제로 치유 사역 현장에서 가계에 흐르는 혈통의 저주를 제하고 나면 여러 가지 질병과 문제의 저주에서 해방되어 치유받는 것을 실제로 체험한 경험의 지식이 치유 사역에 많은 도움이 되었다.

그 동안 영육간의 치유 사역과 상담을 통해서 문제와 고통의 가시덤불이 우거진 저주에는 반드시 맺혀 있는 영적 문제가 있다는 것을 알았다.

한 개인과 가정에 흐르는 저주의 원인을 분석해본 결과 네 가지의 죄로 인한 것을 알 수 있다.

① 개인 자신의 죄 — 육체의 정욕
② 악한 영들의 의한 죄 — 사단, 마귀
③ 환경으로 인한 죄 — 세상
④ 조상 혈통의 죄 — 혈통을 통한 전이, 유전

우리는 처음 세 가지는 잘 이해가 가지만 네 번째 조상 혈통의 죄에서는 잘 이해가 가지 않을 수 있다.

아담의 원죄가 하나님과의 교통을 끊어 놓은 것을 보아도 알 수 있듯이 하나님은 그 아비의 죄를 후대에서 찾는다는 것을 우리는 성경을 통해서 잘 알 수 있다. 하나님은 모세를 통하여 이스라엘 백성들에게 십계명을 주실 때, 복과 저주를 함께 주신 것을 알 수가 있다.

신명기 5장 8-10절 말씀을 보면 "너는 자기를 위하여 새긴 우상을 만들지 말고 위로 하늘에 있는 것이나 아래로 땅에 있는 것이나 땅 밑 물 속에 있는 것의 아무 형상이든지 만들지 말며 그것들에 절하지 말며 그것들을 섬기지 말라 나 여호와 너의 하나님은 질투하는 하나님인즉 나를 미워하는 자의 죄를 갚되 아비로부터 아들에게로 삼사대까지 이르게 하거니와 나를 사랑하고 내 계명을 지키는 자에게는 천대까지 은혜를 베푸니라."고 했다. 우리가 이 말씀을 보아도 혈통에 의한 가계의 저주는 풀어야 할 것이다.

또 민수기 14장 18절 말씀에도 "여호와는 노하기를 더디하고 인자가 많아 죄악과 과실을 사하나 형벌 받을 자는 결단코 사하지 아니하고 아비의 죄악을 자식에게 갚아 삼사대까지 이르게 하리라 하셨나이다."라고 했다.

오늘 우리가 영적으로 맺힌 것이 있다면 그것은 곧 내 자손에게 영향이 미친다는 것을 알 수 있을 것이다.

그러므로 영적으로 맺혀 있는 것은 끊어야 된다는 것을 말씀을 통해 분명히 알 수 있다.

2. 후대에게 저주로 임하게 되는 것

후손에게 저주를 미치게 하는 조상들의 행위들이다.

(1) 저주를 부르는 죄

① 우상숭배 ― 십계명 첫 번째, 두 번째 계명을 어기는 것이다. 다른 신을 만들고 섬기는 행위를 하나님은 금하셨다.
② 음란의 죄 ― 악한 영의 침입으로 음란, 유혹, 혼돈에 빠진 자
③ 부모에 대한 불효죄 ― 부모에 대한 불공손함(창 9:22-27 참조)
④ 억압, 불의 및 학대죄 ― 약한 자를 억압하고 불의를 일삼는 자

(2) 자신의 부정적 반응으로 하나님께 부절적한 행위를 하는 죄

성경에는 감정을 품는 것에 대해서는 죄로 정죄하지 않는다. 예수님도 이 땅에 오셔서 슬플 때는 우시고, 기쁠 때는 기뻐하시고, 화가 날 때는 분명히 화를 내신 성경의 기록도 찾아 볼 수 있다. 그러나 분을 내어도 하루 해를 넘기지 말라는 성경의 교훈은 계속적인 자신의 부정적인 반응으로 하나님께 부적절한 행위를 지속치 말라는 것이다.

내가 피해자라 하여도 가해자를 용서하고 축복하지 못할 때 미움의 쓴 뿌리가 내리고 분노와 혈기 등이 후손에 전수되고 악한 영이 가계에 침투할 수 있는 통로를 열어 놓게 한다.

그러므로 부정적인 마음의 상태 즉 미움, 분노, 슬픔, 저주, 불평, 원망 등은 악한 영에게 사로잡혀 있기 때문에 하나님께 부적절한 반응을 보이게 된다. 그로 인하여 하나님의 진노를 사는 일이 없도록 하여야 한다.

(3) 사탄 마귀 등에게 헌신한 죄

조상들 중에 귀신을 불러들여 섬긴 자나 그 일을 위하여 헌신한 자, 또는 악한 영을 불러들이고 주술이나 무당 등 악한 영이 주는 유익과 힘을 가지고 권리를 누린 자들이 있다. 이들의 죄값으로 후손 중 반드시 불구자나 조기 사망 및 예기치 않는 사고로 불행한 일이 초래될 때가 많다.

(4) 맹세는 함부로 하는 죄

우리는 지키지 못한 일을 가지고 하나님의 이름을 헛되이 부르며 하나님의 이름을 걸고 맹세할 때가 많다.

맹세란 함부로 하는 것도 아니고 지키지 못한다는 것을 가지고 지각없이 망령된 행동은 가계에 저주를 불러들일 수가 있다.

또 사람간의 관계에서도 막말을 함부로 하면서 맹세치 않아야 한다. 예를 들면, "내 눈에 흙이 들어가도 절대로 보지 않을 것이고 용서하지 않을 것이다."라고 말할 때가 있다. 또한 삶의 고통으로 인하여 절망감이 너무 심할 때 우리는 무심코 푸념조로 "살고 싶지 않다"는 말과 "이렇게 살 바에는 죽는 것이 편하다"는 얘기도 곧잘 하게 된다.

이런 쓸데없는 자기의 헛된 맹세들이 혈통을 타고 저주로 가계에 흐른다고 생각해본 적이 있는지를 잘 생각해 보아야 한다.

(5) 저주

1) 자기 자신의 저주

무의식적으로 부정적인 말로 자기를 저주할 수 있다. 예를 들어 키 작은 아이가 자신의 신체 구조를 원망하며 스스로 왜 나처럼 키 작은 것이 태어났느냐 등 자신의 신체를 두고 저주할 수가 있다. 또 자신의 무능함으로 실패를 하고서는 스스로 나 같은 인간은 저주 받아서 되지를 않는다는 등의 푸념이 곧 스스로 자기 자신의 저주가 되는 것이다.

2) 타인에 의한 저주

말로 자식이나 타인에게 저주하는 일들이 많다는 것을 먼저 알아야 한다.

예를 들자면, 빌어먹을 놈, 죽일 년, 병신같은 자식, 못난

놈, 원수같은 년 등 만일 원하지 않은 임신이나 유산은 부모 혹은 부모 중 한 명이 저주받은 경우이다. 특히 고아나 양자는 저주받은 부모의 경우일 수 있다.

우리가 이유를 알 수 없는 고통이나 시련 또는 저주가 임할 때 이러한 것들을 한번 살펴보아야 한다.

3. 가계의 무단 침입자(귀신의 공격 7단계)

우리가 인정하든 하지 않든 간에 사탄은 귀신의 탈을 쓰고 가계에 무단 침입한다. 사탄은 침입의 빌미가 마련되면 언제든지 침입할 수 있는 통로가 된다.

그러므로 사도 바울은 "마귀로 틈타지 못하게 하라"(엡 4:27)며 영적 권고를 하고 있다. 그러므로 우리는 귀신들에게 틈을 보이지 않아야 한다.

부모의 죄를 통하든지 자신의 죄를 통하든지 하여튼 사탄에게 틈을 보일 때 그것을 빌미로 악령은 귀신의 탈을 쓰고 한 가계 안에 무단 침입자로서 영적, 정신적, 감정적, 육체적인 가계의 영을 통해 대물림하게 된다.

여기서 틈을 보이는 것은 마귀에게 거주 장소를 제공하는 것이다. 마귀가 체류할 수 있는 법적 근거 즉 빌미는(엡 4:25-32) 거짓, 분노, 도적질, 더러운 말 등의 죄를 범했을 때이다. 자신의 주권은 사라지고 대신 마귀가 주권 행사를 하는 빌미를 제공하게 된다.

그러면 귀신이 찾는 공격의 대상은 어떤 것인가를 살펴보
도록 하자.

(1) 제1단계 ― 공격의 대상을 찾는 단계

사탄의 장점이라면 집요한 집념이라 할 수 있다. 사탄은 한
번 목표를 정하면 그 사람이 죽을 때까지 집요하게 따라 붙
을 뿐 아니라 그 가계에 영원히 뿌리박고 끝까지 자신의 본
성을 지닌 자로 공격 목표물을 삼는다.

요한복음 8장 44절에 보면 "너희는 너희 아비 마귀에게서
났으니 너희 아비의 욕심을 너희도 행하고자 하느니라 저는
처음부터 살인한 자요 진리가 그 속에 없으므로 진리에 서지
못하고 거짓을 말할 때마다 제 것으로 말하나니 이는 저가
거짓말쟁이요 거짓의 아비가 되었음이니라"고 했다.

교만과 욕심과 포악과 거짓 등은 사탄의 본성으로 하나님
의 본성과는 대치된다. 사탄은 자신의 본성을 즐겨 찾는 자를
첫째 공격의 목표물로 정하고 그때부터 끈질긴 영적 파워 게
임이 시작된다.

(2) 2단계 ― 악한 생각으로 범죄케 하는 단계

생각을 타고 자신의 어둠에 자연스럽게 물들이는 방법이다.
하나님이 주신 가장 위대한 선물은 인간이 사고할 수 있는
기능일 것이다. 사탄은 이 선물을 악하게 파괴시키는 자연스

러운 방법으로 생각을 악하게 하도록 입력시켜 나가는 일을 한다.

우리는 긍정적이고, 창조적이고, 선의적인 생각으로 아름답게 삶을 꾸려 나가야 하는데 사탄은 부정적인 사고로 그 사람의 마음을 무의식화하여 나쁜 사상으로 물들게 하고 자꾸 범죄케 하여 영적 사고력을 잃게 한다.

사탄은 우리의 생각으로 불안케 하고, 두려움을 주고, 염려 근심케 하고, 누구를 끊임없이 미워하게 하고, 의심케 하며, 분노와 격동케 함으로 지성을 마비시키는 작업을 이 시간에도 하고 있다.

나의 영혼에 들어온 온갖 불의함, 삶을 실패에 하는 절망감을 예수 이름으로 쫓아내고 영혼을 치료받아야만 저주를 몰고 오는 귀신의 방해를 이겨낼 수 있다.

"우리의 싸우는 병기는 육체에 속한 것이 아니요 오직 하나님 앞에서 견고한 진을 파하는 강력이라 모든 이론을 파하며 하나님 아는 것을 대적하여 높아진 것을 다 파하고 모든 생각을 사로잡아 그리스도에게 복종케 하니"(고후 10:4-5).

⑶ 3단계 — 귀신이 자기화하는 실행 단계

우리의 내면에는 선과 악의 두 자아가 공존하는 상태이다. 그러므로 사탄은 우리를 기지화하기 위해서 성령과의 교통을 차단하고 어두움을 주어 내면을 암흑화시키므로 혼란을 주고 또한 영의 양심의 힘을 잃게 하여 육신의 본성이 드러나게 하는 자아 만족의 목표를 쟁취한다.

그 결과 열매는 쓴맛, 허탈감, 죄책감을 맺게 하여 삶의 의욕과 힘을 잃게 한다. 이 상황에서 성령의 세미한 음성을 듣고 자기 의지를 굴복시켜 하나님께 순종하는 자가 지혜롭고 복된 자녀라고 할 수 있다.

이 상황에서 복종하지 못하고 사탄의 격려와 독려와 자책감에 빠지면 귀신의 포로가 되어서 모든 삶이 흑암의 서력의 포로가 되고 만다.

(4) 4단계 ― 질병으로 고통받는 단계

묶임을 당하게 되어서 여러 가지 정신적 질환과 신경성 질환 및 우울증에 시달리게 된다. 누가복음 13장에 보면 "여자여 네가 네 병에서 놓였다 하시고 안수하시매 여자가 곧 펴고 하나님께 영광 돌리는지라"(눅 13:12-13)고 했다.

감정조절의 실조 증세, 허무함, 허약함, 무가치, 자책감, 권태, 강박관념, 대인기피증, 자기은거, 우울증, 실망감, 격렬한 분노, 미움, 두려움 등으로 고통을 받는다.

(5) 5단계 ― 귀신의 주거지가 된 단계

귀신에게 속박, 억압받는 단계로 완전히 귀신이 머물 수 있는 주거지가 된 상태이다. 악습이 지속되면 요새화되어 귀신이 떠나기가 힘들어지는 상태이다. 여러 가지 부정적인 것으로 귀신이 그 사람의 심령을 점령하고 떠나지 않는 상태가 되었다는 증거이다.

마음이 혼미하고 복음이 멀어지는 상태이며(고후 4:4), 죄악에 사로잡혀 불결한 행동을 즐겨한다(벧후 2:1-12). 사탄의 이용물로 전락된 영육간의 회복을 위해서는 성령님을 의지하여 그 분의 도움으로 영의 거처를 탈환하여야 한다. 영성회복을 위한 강한 훈련으로 신앙적인 무장이 필요로 하다.

(6) 6단계 — 완전히 포로가 된 상태

모든 삶 전체가 영향을 받는 상태를 말한다. 더 이상 복음으로 치유가 불가능할 정도로 이성이 마비되어 있으며, 감정 자체가 점령되어 있고 정신적 혼란은 물론이고 마귀가 주는 환상과 환청에 시달리며 정신적인 분열상태에 이른 것을 말한다.

군대귀신 들린 거라사 광인(막 5:1-20), 벙어리귀신 들린 아이(막 9:14-29)가 이 상태였다. 조상 또는 본인이 고의적으로 악령과 관계를 맺음으로써 일어난다.

경련, 경직, 괴소리, 거품을 무는 증세 등이 나타난다. 이들의 특징은 엄청난 완력과(눅 8:29) 전혀 다른 성품과 다른 목소리 등(눅 8:28) 예수를 강력하게 거부하고 대적할 뿐 아니라(눅 8:28) 스스로 귀신의 조정으로 뛰어난 통찰력과 비상한 지혜가 있다(행 16:16-18).

⑺ 7단계 ─ 귀신의 정체가 드러나는 증세

귀신의 정체가 드러나는 증거로 타인의 생명을 파괴시키는 단계이다. 자해 및 살인, 폭력과 폭언 등 무서운 반응을 보이는 상황이다.

"가인같이 하지 말라 저는 악한 자에게 속하여 그 아우를 죽였으니"(요일 3:12).

알게 모르게 침입하는 무단 침입자 귀신의 정체를 파악하기 위하여서는 성령님의 도움으로 영적 분별력을 가져야 한다. 혹시 나 자신이 지금 귀신의 공격 대상이 아닐런지를 살펴보아야 한다.

1) 귀신의 정체

① 불안의 영 ─ 고독과 열등감, 실망감, 낙심과 자기연민, 거짓 등

② 우울증의 영 ─ 낙심과 좌절, 자기파괴, 자책감, 죄책감, 패배의식, 죽음 등

③ 울분의 영 ─ 원한과 증오, 복수와 앙심, 파괴, 용서치 못함 등

④ 죄책감의 영 ─ 수치심, 자책감, 자기비하, 두려움 등

⑤ 음란의 영 ─ 유혹, 간통, 강간, 자위, 변태적 행위, 동성연애 등

⑥ 신경질의 영 ─ 두려움, 의심, 자만, 경쟁, 저주, 허약 등

⑦ 중독성의 영 ─ 마약, 알코올, 흡연, 식욕, 카페인 등

⑧ 사교의 영 ─ 점성술, 비성경적 예언, 샤머니즘의 신앙

등

악령의 특징은 우리를 혼란케 하여 미혹할 뿐 아니라 우리로 하여금 죄로 유혹하여 하나님이 주신 양심을 더럽힌다. 그래서 인본적인 삶의 중심으로 자신의 본능에 의한 타락된 육신의 삶을 즐기도록 하는 것이다.

2) 귀신을 내쫓기 위한 방법
① 회개를 통하여 성령님께 의지해야 한다.
② 삶의 태도를 바꾸고 신앙으로 자신을 지켜야 한다.
③ 은혜로 살아가는 삶이 되어야 하며, 단단히 얽혀진 악의 뿌리를 제거해야 한다.
④ 말씀 중심, 기도, 찬양과 신앙 고백을 통하여 잘못된 부분을 치료받아야 한다.

삶에 악령이 들어와 있으면 되는 일이 없을 뿐 아니라 삶 전체가 어둡고 자신이 아무리 벗어나려고 하여도 성령님의 도움 없이는 불가능하다.

4. 모든 삶의 불안을 평안으로 바꾸자

현대를 가리켜서 '불안의 시대'라 할 수 있다. 하루가 무섭게 급변하는 세상에 적응하기 위해서는 인간이 최대한으로 부딪히고 환경의 한계상황에 갇혀 살아가지 않으면 안되는 틀 속에 불안과 두려움을 안고 살아가고 있다.

그 원인은 현실 속에 자기의 존재가치가 비존재화 되는 것에 대한 두려움이다. 이것이 마음의 불안을 더욱 가중시키고 있다.

여러 가지 위기적인 삶의 불안을 어떻게 해야만 평안하고 행복한 삶이 주어질까?

(1) 불안은 절대로 하나님이 주신 것이 아니다.

창세기 3장에 보면, 에덴동산에서 평화와 행복을 누리며 살던 아담과 하와는 하나님께 범죄함으로써 그들의 마음 속에 평화와 기쁨을 잃어버리고 대신에 불안과 두려움을 안고 살아가지 않으면 안되었다.

우리는 아담과 하와가 왜 마귀를 대적치 못하고 미혹에 빠져 범죄로 말미암아 불안에 처하게 되는 비극을 맞이했는지를 알아야 한다.

1) 하나님의 은혜에 대한 감사가 없었다.

하나님은 선악과 외에도 먹고 지낼 수 있는 각종 나무의 실과를 풍성히 주었음에도 불구하고(창 2:16) 그 은혜에 대한 감사보다는 탐욕에 의한 악한 생각이 앞섰던 것이다.

2) 말씀에 대한 믿음이 없었다.

선악과를 먹는 날에는 정녕 죽으리라고 경고의 말씀을(창 2:17) 하셨음에도 그들은 하나님의 말씀을 경시하며 불순종의 죄를 범한 것이다.

3) 형벌에 대한 두려움이 없었다.

죄의 형벌이 얼마나 가혹한 것인가는 죄지은 자만이 알 수 있다(창 3:17). 죄가 주는 그 불안과 두려움은 곧 삶을 파괴시키고 어떤 일도 성공할 수가 없다. 우리의 마음에 불안과 두려움이 찾아온 이유는 이러한 죄로 하나님의 명령을 거역하고 사탄의 유혹에 따랐기 때문이다. 그래서 디모데후서 1장 7절 말씀에 "하나님이 우리에게 주신 것은 두려워하는 마음이 아니요 오직 능력과 사랑과 근신하는 마음이니"라고 말씀하셨다.

우리는 불순종의 죄 때문에 고통스럽고, 불안하고, 혼란스러운, 삶을 살아가고 있는 것이다. 그런 까닭에 요한1서 4장 18절에서는 "사랑 안에 두려움이 없고 온전한 사랑이 두려움을 내어쫓나니 두려움에는 형벌이 있음이라. 두려워하는 자는 사랑 안에서 온전히 이루지 못하였느니라"고 했다.

온전한 사랑은 예수 그리스도의 사랑이다. 예수의 보혈로 씻음받은 우리는 그리스도의 사랑에 거하는 자이다. 그러므로 우리는 두려움과 불안을 없애고 하나님이 주시는 평안과 기쁨을 찾아야 할 것이다.

(2) 모든 삶의 불안을 그리스도의 평안으로 바꾸자.

두려움과 불안을 없애고 하나님이 주시는 평안과 기쁨을

찾기 위한 방법은 무엇일까?

1) 기도해야 한다.

일상생활중 불안과 두려움에 처했을 때 주의 이름으로 기도해야 한다. 기도야말로 하늘의 평화가 임하는 것을 느낄 수 있는 유일한 통로이기 때문이다. 모든 삶의 생사화복은 하나님의 계획 안에서 인도되는 것이므로 우리의 건강도, 재산도, 사업도, 가정도 모든 일을 성취하시는 하나님의 계획에 일치시키는 절대 위임의 신앙이 있어야 한다.

2) 성경말씀의 중심이 되어야 한다.

모든 하나님의 계획과 뜻은 성경에 기록되어 있으며 우리에게 주시는 약속의 말씀이다. 하나님의 말씀 속에는 평화의 능력이 들어있다. 그러므로 성경을 읽고 말씀 중심에 서면 평안과 위로의 메시지로 계시된 믿음의 삶을 살아갈 수가 있다.

3) 봉사하는 삶을 살아야 한다.

위기의 삶을 맞이하여 두려움과 불안에 떨던 성도들이 자신의 삶을 초월하여 오히려 하나님을 위하여 전심전력을 다하여 봉사할 때에 우리의 마음은 평안으로 가득해진다.

세상에서 비록 실패하고 세상에서 상처받고, 고통과 시련의 삶을 살았지만 하나님은 세상에서 줄 수 없는 참된 평안으로 우리의 삶을 가득 채워주신다. 그때 모든 문제와 고통과 질병과 근심걱정이 다 사라지는 것을 체험한 사람들은 이 기쁨을 안다.

하나님께 기도하며, 성경 말씀중심으로 신앙생활하며, 하나님께 봉사할 때 우리의 마음은 축복과 은혜가운데 거할 것이며, 실제로 놀라운 하나님의 역사가 우리의 삶 가운데 일어날 것이다.

"너희는 마음에 근심하지 말라. 하나님을 믿으니 또 나를 믿으라"는 이 말씀을 기억하자. 우리의 불안을 평안으로 바꾸어 주시는 그리스도의 평안이 우리의 가계와 자신에게 항상 있을 것이다.

5. 저주를 축복으로 바꾸자

(1) 어디서 저주가 임하게 되었는지 영적 맺힘의 뿌리를 찾아야 한다.

혈통에 의한 가계의 저주는 우선적으로 혈통에 뿌리 깊은 나쁜 열매를 제거하기 위하여 나무의 뿌리를 제거해야 할 것이다.

"예수께서 대답하여 가라사대 심은 것마다 내 천부께서 심으시지 않은 것은 뽑힐 것이니"(마 15:13).

예수님의 비유 중 마태복음 132장에 보면 알곡과 가라지의 비유를 잘 알고 있을 것이다. 가계에 흐르는 혈통 가운데는 알곡도 있을 것이고 제거해야 할 가라지도 있을 것이다.

이와 같이 이미 나의 영혼에 가계에서 비롯된 조상의 죄가 있으므로 기도할 때 "내가 알지 못하는 조상의 모든 죄도 용서해 주십시오"라고 기도해야 할 것이다.

(2) 혈통의 죄의 뿌리를 찾았으면 예수 그리스도의 권세로 맺혀 있는 것을 풀어야 한다.

권세란 능력과 틀린 것이다. 아무리 큰 능력이 있다 하여도 권세 앞에서는 순복할 수밖에 없을 것이다.

예를 들어 정부에서 부여한 권세로 교통정리의 임무를 맡은 교통 순경이 제복을 입고 수신호 전등을 들고 나가면 모든 운전자들이 그의 수화 신호 하나에 따라 가고, 서고 하는 것처럼 믿음의 자녀 역시 사탄 마귀를 예수님의 권세로 쫓아낼 수가 있다.

이와 같이 예수 그리스도의 권세를 받은 믿음의 자녀들은 사탄, 마귀를 쫓아낼 수도 있으며, 또 멸할 수도 있다는 사실을 먼저 믿어야 한다.

1) 그리스도인이 지닌 권세

① 죄를 제어할 권세가 있다(창 4:7).

② 질병을 제어할 권세가 있다(행 10:38).

③ 귀신을 제어할 권세가 있다(눅 9:1).

④ 저주를 제어할 권세가 있다(갈 3:13).

⑤ 사망을 제어할 권세가 있다(고전 15:55-57).

위와 같이 예수 그리스도의 권세로 모든 악한 영의 세력을 물리치고 저주가 축복이 되도록 기도해야 할 것이다.

2) 우리가 지켜야 할 일

① 중생해야 한다(요 1:12).

② 믿어야 하고 믿음이 있어야 한다(히 11:6).

③ 순종해야 한다(히 3:18).

④ 거룩해야 한다(히 12:4).

⑤ 담대해야 한다(수 1:9).

⑥ 모든 일을 하나님께 영광 돌려야 한다.

하나님의 자녀는 모두 권세를 지닌 사람들이다. 그러므로 어떤 저주가 내 가계에 뿌리 깊이 박혀 있다 할지라도 그것을 제거할 수 있는 능력과 권세가 있다. 예수님이 이 땅에 오신 이유는 우리를 사랑하셔서 우리의 죄와 허물을 사하시기 위하여 오신 것이다.

그러므로 대속의 은총으로 우리의 죄와 저주는 물론이고 질병과 절망적인 인간의 모든 문제를 해결해 주시기 위하여 오셨다는 사실을 믿고 우리는 예수 그리스도의 권세를 사용하여 우리의 혈통을 타고 가계에 흐르는 저주를 모두 제거하고 깨끗이 씻어내야 할 것이다.

그러기 위해서는 우리를 위하여 흘려 주신 보혈의 권능을 믿고 능력 있는 삶으로 승리해야 할 것이다.

나를 위하여 흘려 주신 거룩한 보혈의 능력, 그 능력만이 우리를 도적질하고 죽이려하는 원수 마귀의 악한 힘을 이길 수 있는 예수 그리스도의 권세라는 것을 기억해야 한다.

감사와 찬양과 기도로써 저주를 물리치고 축복받은 자녀로서 승리하는 삶을 살아야 한다.

7장·부 록

영성상담의 성경 적용법

상담의 주체는 예수 그리스도이시다. 내 생각이나 주장으로 하는 것이 아니라 주님의 생각과 마음을 받아들이는 것이라 고 할 수 있다. 그러므로 말씀 중심, 성경 중심의 상담이라야 완벽한 영성적 상담이 될 것이다.

성구 모음을 잘 활용하여 상담에 임하면 훌륭한 상담자가 될 수 있을 것이다.

1. 성경말씀을 적용시키는 요령

가장 완벽한 상담의 결과는 결국 말씀 중심의 상담이다. 그 러므로 내담자에게 권고상담 및 권면을 하고자 할 때 필요한 성경 구절을 사용하게 된다. 이때 주의할 것이 있다.

첫째, 성경 구절을 상담자가 내담자에게 알려 주고 읽게 한 다.

둘째, 성경 말씀으로 내담자에게 권면하는 것이 효과적인 방법이 될 것이다.

셋째, 필요한 성경 구절만 인용한다. 너무 많은 것을 전달하게 되면 뜻이 흐려진다.

넷째, 상담자 본인이 성경 구절의 의미나 뜻을 잘 분석하고 있어야 한다.

2. 성경 말씀이 상담에 미치는 영향

① 죄로 인한 문제가 해결된다.

② 대속의 은총으로 말미암아 구원의 확신과 믿음을 일깨워 준다.

③ 중생하여 거듭나게 할 뿐 아니라 확실한 변화를 주게 된다.

④ 성결함과 자책감 및 자격지심을 해소하여 삶을 자유롭게 한다.

⑤ 인생의 무목적성을 없애주며 정확한 목표와 삶의 활기를 준다.

⑥ 중요한 결정 및 통찰력을 준다.

⑦ 지식과 지혜를 주어 환경을 극복하는 믿음을 준다.

3. 상담시 도움을 주는 성경구절

(1) 경제적, 가정적 어려움에 처했을 때 주시는 약속

1) 재정적으로 어렵습니다.

시편 109:30-31, 시편 9:18, 시편 107:41, 시편 35:10, 잠언 15:16, 신명기 15:6, 사무엘상 2:7, 신명기 15:4-5, 이사야 25:4, 빌립보서 4:19, 데살로니가후서 3:8, 데살로니가후서 3:10

2) 실직했습니다.

데살로니가후서 2:16-17, 시편 128:1-2, 시편 31:3-4, 고린도전서 15:58, 고린도후서 9:8, 빌립보서 1:6, 사무엘상 12:22, 로마서 8:28, 이사야 58:11, 잠언 16:3

3) 사업에 실패했습니다.

욥기 1:21,22, 시편 37:5, 갈라디아서 6:8, 야고보서 4:15, 룻기 2:12, 시편 50:14-15, 시편 46:1-3

4) 자녀의 문제가 있습니다.

잠언 30:17, 잠언 23:22, 잠언 19:26, 신명기 5:16, 디모데전서 5:4, 히브리서 12:8, 잠언 17:25

5) 자녀가 없습니다.

창세기 21:1-3, 히브리서 11:11, 창세기 25:21, 누가복음 1:13, 사무엘상 1:20, 누가복음 23:29

6) 사랑하는 사람과 사별했습니다.

요한계시록 14:13, 야고보서 4:14, 요한계시록 7:17, 이사야 25:8, 고린도후서 5:8-9, 고린도후서 5:4, 시편 90:10, 데살로니가전서 4:13-14

7) 이혼을 하려 합니다.

고린도전서 7:10-11, 고린도전서 7:12-14, 마태복음 5:32, 고린도전서 7:15-16, 베드로전서 4:8, 마가복음 10:6-9

8) 병상에 누운 가족이 있습니다.

출애굽기 15:26, 예레미야 17:14, 야고보서 5:14, 호세아 6:1, 예레미야 33:6, 이사야 38:16-17, 야고보서 5:15-16, 시편 103:2-4, 신명기 7:15

(2) 좋지 않은 감정, 생각에 대하여 주시는 약속

1) 두렵습니다.

잠언 29:25, 시편 27:1, 신명기 31:6, 베드로전서 3:12-14, 디모데후서 1:7, 히브리서 13:6, 이사야 54:14, 로마서 8:31, 이사야 43:1-2, 시편 23:4

2) 낙심하게 됩니다.

시편 55:22, 고린도후서 4:16, 에베소서 3:13, 히브리서 12:3,

5, 갈라디아서 6:9, 빌립보서 4:13, 이사야 40:29-31, 고린도후
서 4:17-18

3) 부끄럽습니다.

시편 25:2-3, 시편 119:6, 이사야 50:7, 요한일서 2:28, 디모
데후서 2:15, 베드로전서 4:16

4) 걱정이 됩니다.

빌립보서 4:6-7, 베드로전서 5:7, 마태복음 6:31-32, 마태복
음 6:33-34, 시편 37:7, 요한복음 14:1-3, 잠언 24:19-20, 누가
복음 12:28-30, 누가복음 12:24-26

5) 슬픕니다.

고린도후서 1:3-4, 마태복음 5:4, 시편 30:11, 이사야 61:3,
요한복음 16:22, 예레미야 31:13, 이사야 51:11, 베드로전서
2:19, 이사야 35:10

6) 화가 납니다.

잠언 14:29, 잠언 29:11, 전도서 7:9, 에베소서 4:31-32, 마태
복음 5:22, 골로새서 3:8, 잠언 14:17, 잠언 19:11, 시편 37:8,
잠언 29:22, 잠언 16:32, 잠언 25:28, 잠언 22:24-25, 에베소서
4:26, 잠언 15:18, 야고보서 1:19-20

7) 죽고 싶습니다.

시편 42:5, 고린도전서 6:19, 욥기 3:20-23, 전도서 2:17, 히브리서 12:6

8) 열등감이 생깁니다.

여호수아 1:5-6, 로마서 8:37, 시편 139:13-14, 에베소서 3:11-12, 잠언 14:26, 이사야 41:11-13, 요한일서 4:4, 요한일서 3:20-22

9) 불평 불만이 생깁니다.

시편 107:9, 전도서 1:8, 전도서 5:10, 고린도전서 3:3, 야고보서 3:14-16, 전도서 6:7, 이사야 55:2, 이사야 29:8, 디모데전서 6:6, 잠언 19:3, 예레미야애가 3:39, 고린도전서 10:10, 디모데전서 6:8

10) 외롭습니다

시편 139:7-10, 시편 37:28, 사도행전 17:27, 이사야 58:9, 요한복음 14:18, 창세기 28:15, 신명기 4:31, 이사야 49:15, 시편 9:10, 이사야 54:10, 이사야 54:7, 이사야 42:6, 시편 68:6, 야고보서 4:8

(3) 신앙생활에 어려움이 생겼을 때 주시는 약속

1) 구원의 확신이 없습니다.

시편 37:39, 시편 62:2, 이사야 12:2, 이사야 45:21-22, 요한복음 3:15, 베드로후서 3:9, 고린도전서 1:21, 고린도전서 15:2, 로마서 10:9, 디모데후서 3:15, 사도행전 2:21

2) 기도하기가 힘듭니다.

야고보서 1:6-8, 이사야 55:6, 히브리서 11:6, 마태복음 5:23-24, 데살로니가전서 5:17, 야고보서 4:3, 마가복음 11:25

3) 믿음이 흔들립니다.

시편 32:5-6, 시편 32:7-8, 이사야 43:7, 시편 32:10-11, 마태복음 24:44-46

4) 교회 가기가 싫습니다.

히브리서 4:16, 갈라디아서 5:7, 히브리서 3:14, 이사야 58:13-14, 로마서 12:11, 로마서 7:23-24, 갈라디아서 6:7, 마태복음 11:28, 히브리서 10:25

5) 우상과 미신을 끊지 못합니다.

요한일서 2:26-27, 마태복음 24:11, 야고보서 5:19-20, 시편 95:10-11, 마태복음 7:15, 시편 106:36, 이사야 45:16, 마태복음 7:21, 에베소서 5:5, 신명기 11:16, 고린도전서 5:11, 마태복음 24:24, 베드로후서 3:17, 다니엘 12:10

6) 술, 담배를 끊기가 어렵습니다.

에베소서 5:18-20, 잠언 20:1, 갈라디아서 5:21, 베드로전서 4:3, 잠언 21:17, 누가복음 21:34, 디도서 1:7, 잠언 23:20, 잠언 23:20-21, 고린도전서 6:20, 고린도전서 6:12, 로마서 13:14, 갈라디아서 5:24, 로마서 6:12-13

7) 재물에 집착합니다.

마태복음 19:21-22, 히브리서 13:5, 이사야 55:1, 마태복음 4:4, 마가복음 8:36-37, 마가복음 14:11, 마태복음 6:24, 잠언 11:28, 누가복음 12:15, 사도행전 8:18-20, 잠언 11:4, 디모데전서 6:10, 잠언 23:4-5, 잠언 28:20, 디모데전서 6:17-19

8) 죄를 짓고 낙심했습니다.

사도행전 8:22, 누가복음 15:7, 역대하 7:14, 이사야 55:7, 잠언 28:13, 요엘 2:13, 시편 34:18, 요한일서 1:9, 요한일서 2:1-2, 에베소서 1:7, 베드로전서 2:24, 고린도후서 5:17, 로마서 6:6-7, 이사야 53:5-6, 요한일서 3:5, 로마서 6:14

9) 유혹을 이기기 어렵습니다.

디모데전서 5:6, 베드로후서 2:13, 잠언 18:9, 디모데후서 3:4, 누가복음 12:19-21, 로마서 8:13, 요한일서 2:16-17, 야고보서 4:4, 골로새서 3:5, 베드로전서 2:11, 갈라디아서 5:16-17, 베드로전서 4:2, 고린도전서 9:27, 베드로후서 1:4, 잠언 25:16, 야고보서 4:1, 디도서 2:11-12

10) 시험이 닥쳐옵니다.

베드로전서 4:12-13, 마태복음 26:41, 야고보서 1:12, 고린도전서 10:13, 베드로후서 2:9, 야고보서 1:2-3, 누가복음 10:19, 로마서 16:20, 야고보서 1:13

(4) 인간 관계에 어려움이 생겼을 때

1) 주변 사람과의 관계가 원만하지 않습니다.

로마서 15:2, 갈라디아서 6:2, 고린도후서 6:14, 로마서 12:18-19, 베드로전서 2:12, 잠언 18:19, 고린도전서 1:10, 빌립보서 2:1-2

2) 말의 실수가 많습니다.

잠언 16:24, 잠언 17:27, 잠언 25:11, 잠언 15:23, 전도서 9:17, 전도서 10:12, 전도서 12:11, 전도서 3:7, 욥기 6:25, 디모데후서 1:13, 디도서 2:8, 야고보서 3:2, 야고보서 3:6, 잠언 18:8, 잠언 16:28, 잠언 11:13, 잠언 25:23, 잠언 15:1, 잠언 18:6, 잠언 18:13, 잠언 17:9, 잠언 12:18, 잠언 25:9

3) 증오스럽습니다.

마태복음 5:44, 로마서 12:20, 출애굽기 23:5, 잠언 25:21-22, 누가복음 6:35, 마태복음 5:46, 로마서 12:14, 누가복음 6:27, 데살로니가전서 5:15, 욥기 31:29, 잠언 24:17, 레위기 19:18

4) 이웃 사랑하기가 힘듭니다.

요한일서 3:14, 요한일서 4:21, 요한복음 15:13, 로마서 12:10, 갈라디아서 5:13, 데살로니가전서 4:9, 잠언 17:17, 요한일서 4:11, 베드로전서 1:22, 로마서 15:1

5) 사랑은 허다한 허물을 덮습니다.

고린도전서 13:4, 잠언 10:12, 요한복음 15:12, 로마서 12:9, 고린도전서 13:1, 요한복음 13:34-35, 고린도전서 13:13, 요한일서 4:7-8, 요한일서 3:18

위와 같이 성경 말씀을 요령있게 잘 적용하면 지혜롭고 현명한 상담 효과를 얻을 수 있을 것이다.

그러므로 구절별로 상담자 본인이 먼저 숙지하여 잘 해석하여서 필요한 성경 구절만 인용한다. 그러나 불필요한 구절들을 자꾸 덧붙여 나가는 방법으로 해서 본질의 뜻이 흐려지게 해서는 안된다.

여기에 소개된 성경 구절은 지면상 간단히 중요한 것만 기록하여 예를 들은 것이다. 더 많은 성경 구절을 중요한 제목별로 준비하는 상담자만이 훌륭한 사역을 감당할 수 있으리라 본다.

참고문헌

주계영, 기독교상담의 이론과 실제, 1999.

주계영, 크리스천 카운셀러 핸드북, 1999.

전영복, 기독교 상담의 이론과 실제, 1999.

윤현철, 당신도 상담 치유자가 될 수 있다, 1999.

이재범, 능력의 은사, 1995,.

전요섭, 기독교 상담방법, 1999.

방지형, 상담 어떻게 할까요, 1994.

전요섭, 인간관계 훈련, 1987.

김선도, 상처를 치유하는 사랑의 대화, 1985.

이종희, 대화로 치유하시는 하나님, 1999.

이윤호, 가계에 흐르는 저주를 이렇게 끊어라, 1999.

장영주, 하나님의 뜻을 알려면, 1990.

박철수, 영성훈련 입문, 1998.

김상복, 속 시원한 상담, 1999.

곽선희, 영성신학, 1999.

김경재, 영성신학 서설, 1990.

오성춘, 영성과 목회, 1995.

오성춘, 영성훈련의 실제, 1996.

김성복, 영적 제자훈련, 1991.

김영석, 영적 통찰력, 1995.

조용기, 믿으며 바라며 사랑하며, 1992.

옥한흠, 고통을 다루시는 하나님의 손길, 1995.

이동원, 이렇게 분별하라, 1992.

이동원, 당신은 안녕하십니까, 1994.

김남준, 맺힌 것은 풀어야 산다, 1999.

김남준, 영적회복은 불꽃처럼 타 올라야 한다, 1997.

협성신학연구소, 기독교신학과 영성, 1995.

장로회 신학대학, 기독교 가족상담, 1992.

윗치만 니저 한국복음서원, 이기는 생명, 1992.

윗치만 니저 정동섭 역, 영에 속한 사람, 1, 2, 3권, 1998.

윗치만 니저 정동섭 역, 소망 상한 마음을 위하여, 1992.

빌리 그래함저 정규채 역, 소망 상한 마음을 위하여, 1992,.

Henri J.M.Nouwen저, 김명희 역, 영성에의 길, 1997.

Homes Urban저, 엄성옥 역, 1994.

James I.Packer, *Keep in Step with the Spirit*(I.V.P), 1996.

T. Martin, *Kingdom Healing*(Marshalls), 1992.

J. Darnell, *Heaven Here I Come*(Lakeland), 1996.

영성회복과 부활 세미나 안내

그동안 영적 갈등으로 영혼에 병든 자, 육신이 병든 자, 생활고로 인한 내적 상처 등 지금 이 시간에도 불안과 두려움에 쌓여있는 이들을 상담하면서 느낀 것은 너무나 많은 신앙인들이 믿음 안에서도 스스로 해결점을 찾지 못하고 방황하고 있다는 것이다.

그러므로 본문에는 사역 현장에서 느낀 체험을 통하여 얻은 참된 영성의 신앙적인 삶을 전하고자 하는 마음으로 영성회복의 부활편을 공개한다.

첫째로, 신앙의 길을 가면서 내게 향하신 하나님의 뜻을 모른다는 것은 마치 목적지가 없는 삶과 같은 것이다. 또 부활 4단계는 우리가 걷고 있는 신앙의 길을 조금 더 수월하도록 돕는다. 하나님의 뜻을 이루기 위해서는 반드시 영적 부활이 있어야 가능하다. 이것은 절망 가운데서 하나님의 뜻에 순종하기 위해 자아의 항복과 아울러 부활에 이르는 단계별 훈련 코스이며, 신앙지침서로 영성의 지름길 역할을 하고자 한다.

둘째로, 잘못된 은사 위주의 은혜만 추구하는 신비주의 신앙이 아니라 삶의 모든 영역에서 그리스도화 되어 나타나는 영성의 참된 진리에 그 뜻을 두고, 성령충만과 그로 인한 은사와 은혜, 말씀 위주의 진리와 영성 회복을 위한 실제 단계와 내적 치유 등 다양하게 영성적인 것을 제시하는 종합적인 영성의 입문서라 해도 과언이 아닐 것이다.

셋째로, 요즈음 혈통의 가계 문제가 비성경적인 문제냐 아니냐 하는 것이 뜨거운 논란이 되고 있다. 현실적으로 이 문제로 인하여 많은 사람들이 영적으로 고통받고 또 시달리고 있는 것은 사실이다. 목회자로서 때로는 진리를 위하여 목숨을 바치는 심정으로 복음을 전하지 않으면 안된다는 마음으로 올바른 성경의 범주 안에서 이것을 조심스럽게 다루어 보기로 했다. 그 동안 치유사역 현장에서 느낀 그대로를 성경적으로 본 영성 세미나에 적용해 보기로 하였다.

영성 회복을 위한 교육과 훈련 방법으로 다양한 프로그램을 가지고 영성적으로 단계별 성장할 수 있는 세미나를 통하여 영성 회복과 부활의 내용을 알리고자 하므로 참여하셔서 많은 은혜가 임하는 영적 성장의 귀한 시간이 되시길 바란다.

2000. 4. 26.
저자 김한기 올림

영육간의 회복을 위한 영성세미나

영성회복과 부활

· 회복 4단계 및 영성 훈련법을 통하여 침체된 영혼을 부활시켜 능력있는 삶의 역사를 체험할 수 있습니다.

· 기쁨, 확신, 담력, 믿음, 소망, 사랑으로 절망감을 극복하여 천국의 평안과 안식의 기쁨을 누릴 수 있습니다.

· 영성 회복을 통하여 모든 문제와 질병 등이 해결되는 역사가 일어납니다.

〈세미나 안내〉

· 기간:매주 반복 훈련 및 세미나(1개월 단계별 연속훈련)
· 일시:매주 화요일, 목요일
· 시간:오후 2시-8시(1부 교육, 2부 훈련, 5시-6시 석식)
· 장소:강남 은혜 기도원
· 대상:영성 회복을 원하는 모든 분

· 강사:김한기 목사와 동역자 2명
· 등록비:일반 50,000원(교재 및 테이프, 석식 제공)
　　　　교역자 30,000원(전도사 이상)

〈강의 내용〉

영성의 실제, 성령충만, 회복 4단계, 변화적인 삶, 내적 치
유

· 수련 후 강사 및 상담자로 동역할 수 있습니다.
· 사명자 및 영성 훈련 강사를 동역자로 초청합니다.

새생명 영성 회복 훈련원

상담전화 : (02)556-3611, 556-3466, Fax.(02)538-7424
주　　소 :서울시 강남구 대치4동 903-18
　　　　　영양빌딩 지층, 3층

내적 치유와 영성회복

*

초판 1쇄 ― 2000년 7월 15일

*

지은이 ― 김　한　기
펴낸이 ― 이　규　종
펴낸곳 ― 엘맨출판사
*
서울시 마포구 합정동 433 - 62
출판등록 ― 제10 - 1562호(1985. 10. 29.)
*
TEL. ― (02) 323-4060
FAX. ― (02) 323-6416
*
잘못된 책은 바꾸어 드립니다.
*
값 7,000원